[新訂] 空き家 闘う! 術

自然と闘い、人と闘い、
管理・投資・リフォーム・
売却で解決する

中山 聡

プラチナ出版

はじめに

この本は、次のような方に向けて書いてあります。

・とにかく空き家をなんとかしたいと悩んでいる皆様
・将来空き家が増えると、この日本はどうなるのかと心配になっている皆様
・空き家があって、使いもしない家の出費を抑えたいと思う皆様
・親せきの、地域の、市町村の空き家をなんとかしたいと思う皆様
・その他、本書を手にとって興味をいただいたあなた様

空き家の問題は、ある日突然家庭に降りかかります。親の入院、死亡……それだけではありません。連続コンボ、立て続けに起きるのも特徴です。私、配偶者の親はもとより、それぞれの母方、父方の祖父母……2世代、3世代の空き家が倍々ゲームであなたの家庭にのしかかってくるのです。

本書は、空き家管理で全国トップクラスの実績を持つ筆者が、一級建築士で不動産鑑定士でもあり～、などと硬いことを言わず、その経験をもとに具体的な対処方法を書いたものです。筆者は仕事上、今まで見た空き家物件の数は数千、崩れようとする建物と闘い、自然と戦い、動物と戦い、人と闘う、世の中の荒波に揉まれる中から見出した解決方法を紙面ある限り「す・べ・て」紹介するものです。

本書が、お買いになった方の役に立つことを、見上げた同じ空のもと、願っています。

平成29年11月　筆者しるす

はじめに（その2）

■本書を読む前に「空き家すごろく」を知る

そして、本書を読む前に知ってほしいことがあります。

「人生はすごろく、空き家もすごろく」なのです。

空き家だけでなく、家というのは形を変えていきます。

家は売ることも、買うこともできます。貸すことも、借りることもできます。土地だけなら、売る・買う・貸す・借りるに加えて、家を建てること、そして耕作することができます。逆にこれ以外の使いみちはありません。放置すればいずれ自然に還るだけでしょう。

この6つの場面「売る・買う・貸す・借りる・建てる・耕す」が、あるきっかけで順番にやってくるのです、すごろくのように。さしづめ、空き家に当てはまりそうな順番はこんな感じでしょうか？

パターン１：空き家になる↓維持する↓直す↓貸す↓空き家になる
パターン２：借りる↓直す↓買う↓貸す↓空き家になる↓壊す↓自然に還る

これらのそれぞれのコマは本書にくわしく解説していますので、読んでからもう一度戻ってみると、きっとイメージできること請け合いです。

■空き家とは、人を映す不思議な鏡

空き家に関わるようになると、すごろくのコマをすすめるようにドンドン家の状態が変わっていきます。でもおかしくないですか？　空き家も「不動産」です。不動産とはその名のとおり、動かない財産のはずです。でも、変わっていくのです。

動かないのに変化する――これを難しい言葉では「不動産の可変性・可塑性」といいます。仮に人がいなければ、不動産はずっとそこにあり続けます。それだけです。しかし人間が関わると、さまざまに形を変えていくのです。人間は、24時間不動産に囲まれています。

本屋さんで立ち読みしている皆様も、本書を購入して自宅で読んでいる皆様も、常に土地・建物に囲まれているのです。えっ、帰りの電車で読んでいる？　その電車だって地面の上を走っていませんか？

それがあるきっかけで人間がかかわらなくなると、そこで不動産は止まってしまいます。空き家になってしまうのです。ですから、空き家問題に対処するには

「ドンドン関わる・できるだけ関わる」

この気持ち・心持ちが大事なのです。

まとめると、不動産自体は動かない、人間と関わることでドンドン形を変えていく。不動産は人間の生活と活動を写す「不思議な鏡」なのです。

闘う！　空き家術　目次

第2章　ダメダメな「空き家術」

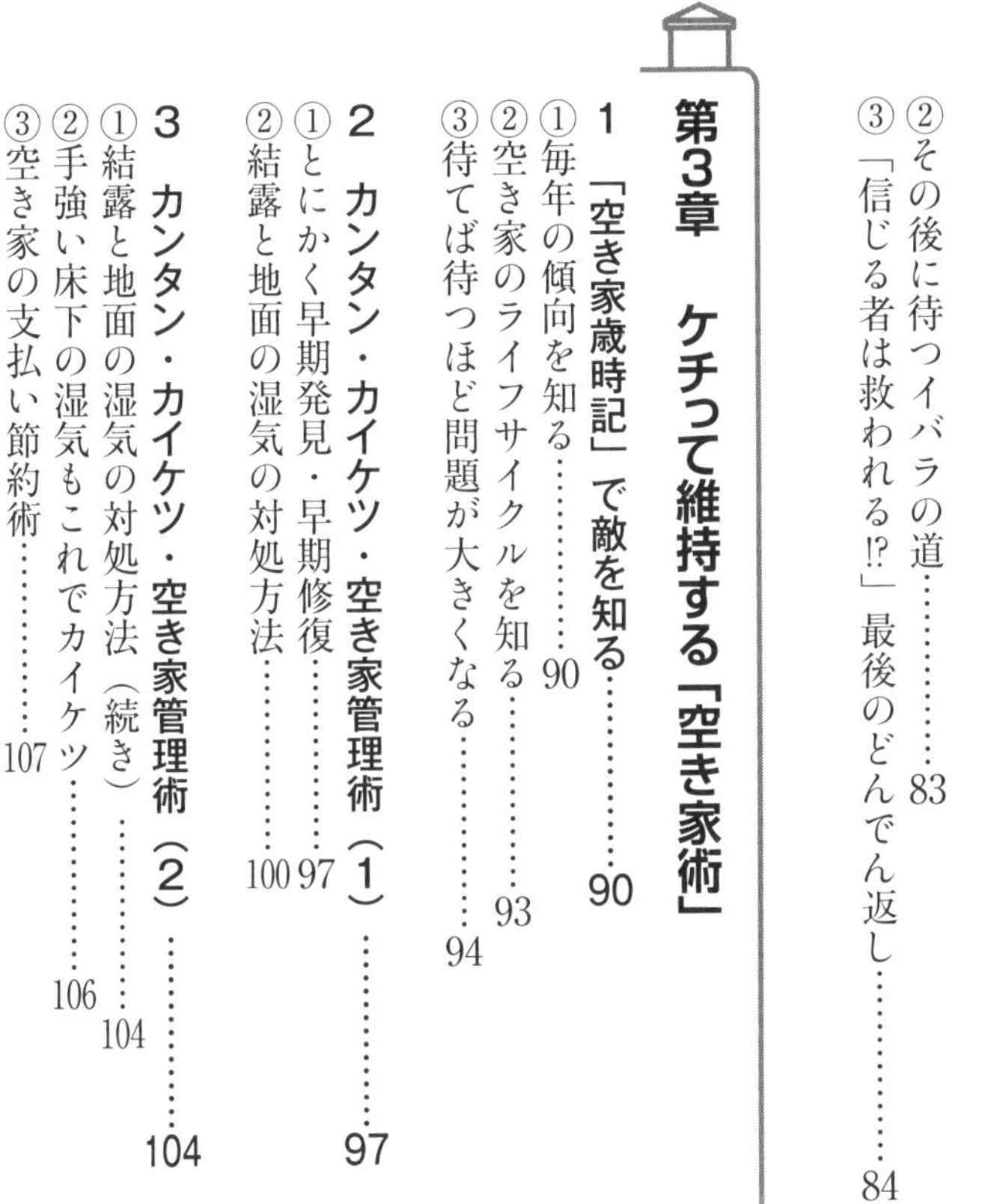

第3章　ケチって維持する「空き家術」

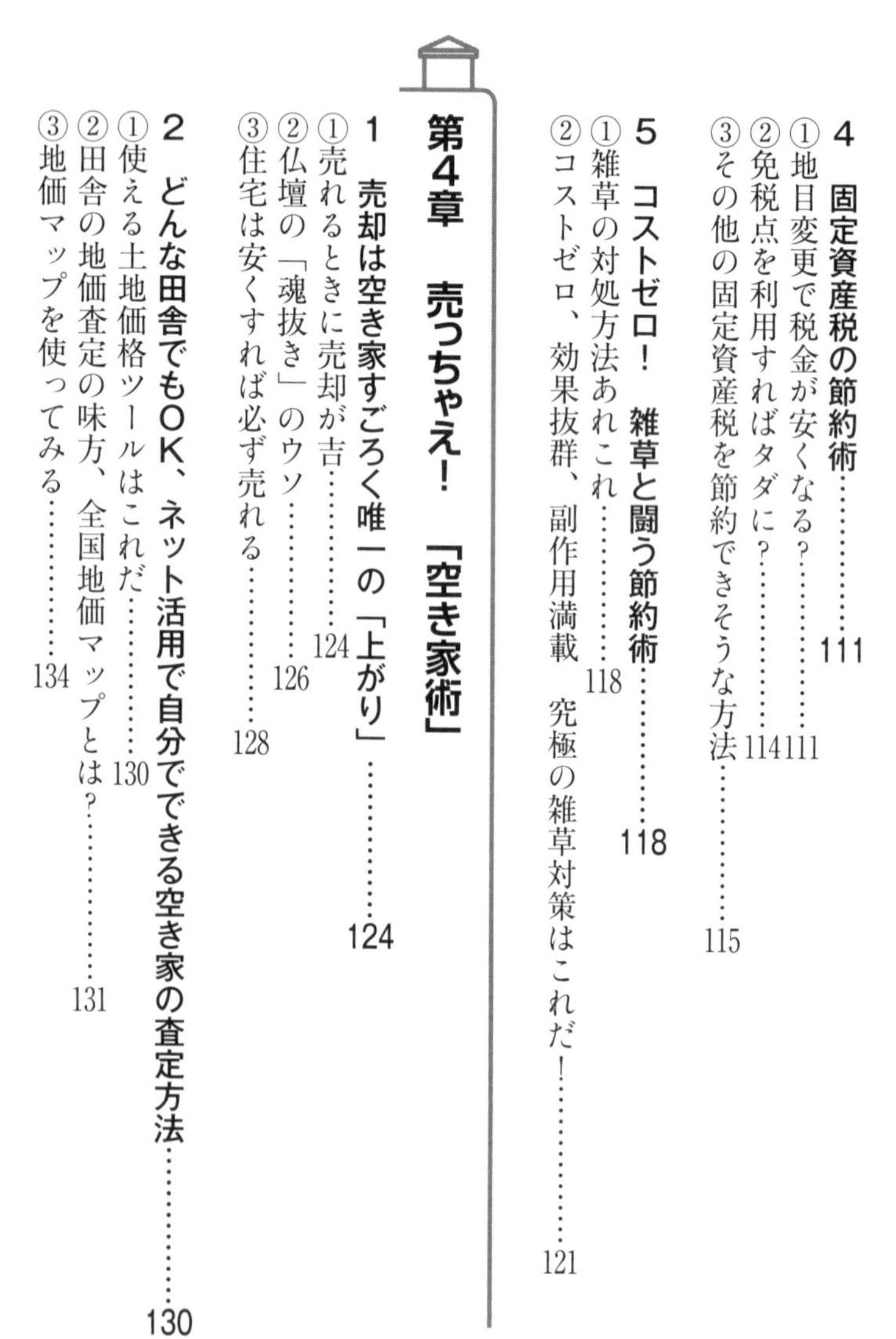

第4章 売っちゃえ！「空き家術」

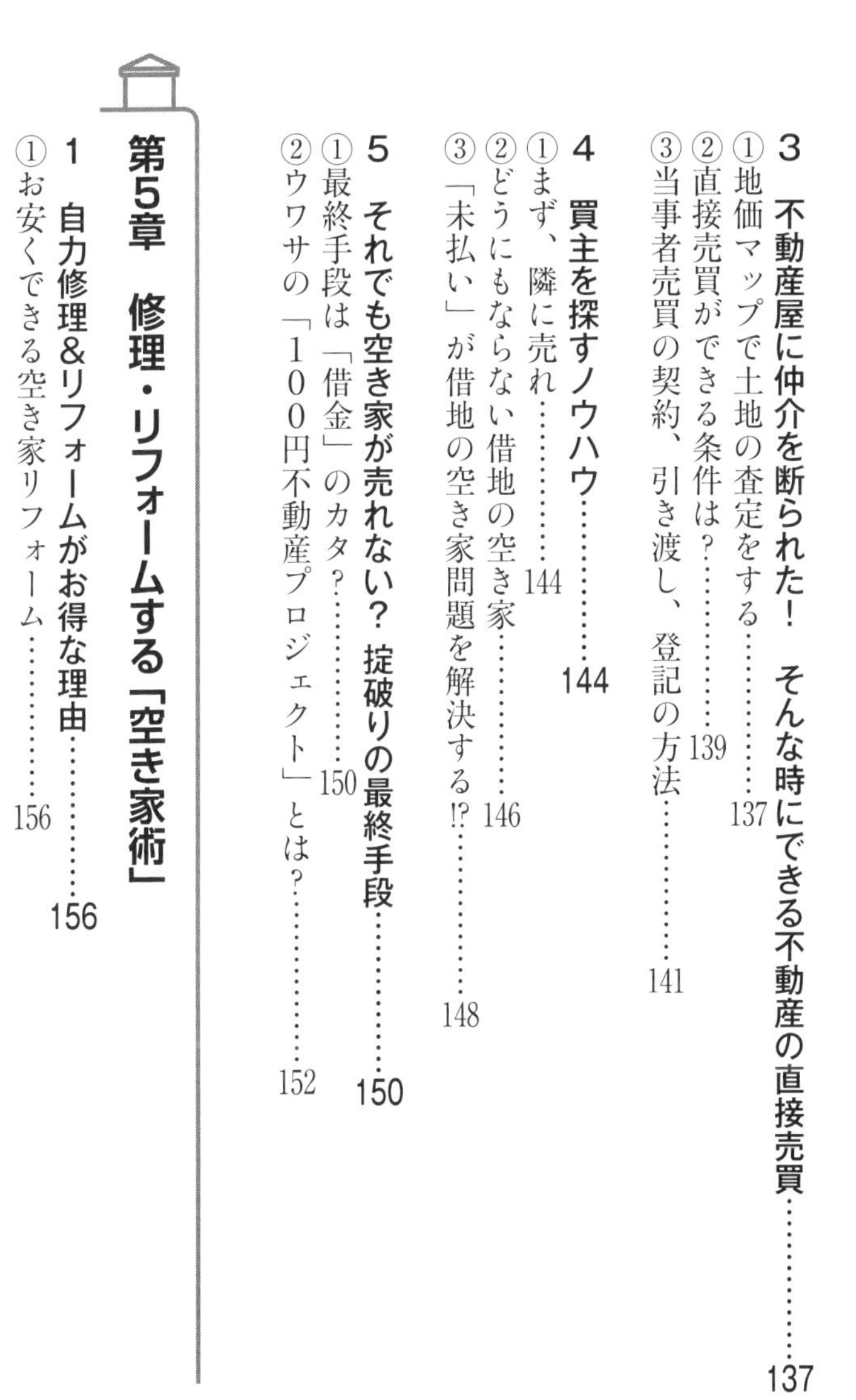

第5章　修理・リフォームする「空き家術」

第6章　貸して儲ける「空き家術」

装丁・本文デザイン　吉村朋子
図表作成　川田あきひこ
DTP　トゥエンティフォー

第1章

放置する「空き家術」

1 なぜ、空き家問題は解決しないのか？

①筆者の空き家管理の実績

空き家が増えています。筆者は実家に戻って空き家をリフォームしながら住んでいますが、20年ぶりくらいに戻ってきた感想は、「なんか空き家が増えたなぁ」でした。のんびりとした道を車で流しているときに、ガラスが割れ、割れた壁が飛び、突然打ち捨てられたような家を見ると、心が押しつぶされたような感覚になります。そこにある一家の歴史が何代も刻まれてきたはずなのに、ある日ブツッと切れて空き家が生まれ、それが廃墟となり、まるで時間が止まってしまうように感じるのです。

そこで筆者は空き家管理のＮＰＯに参画するのですが、空き家問題が社会問題として知られるとともに、管理している案件数も右肩上がりで増えました。地方のささやかな活動で、毎月60件、累計250件ほどの空き家の管理件数しかないのですが、それでも業界紙で注目され、取り上げられるようになりました。その時の表現を借りれば「全国No.1の空き家管理」「全国トップクラスの空き家管理件数」と紹介されています。そのせいか、雑誌、テレビなどの取材、セミナー・講演の依頼や問い合わせも年々増えています。

②「空き家が増えるのは人口が減るから」というデタラメ

そんななか、日々の空き家管理の活動のなかで、なぜ空き家が増えるのか考えてみました。**図1－1**（次ページ）を見てください。これは国土交通省から公開された資料で、鎌倉時代からの日本の人口の推移とこれからの予測がグラフとして掲載されています。さまざまなところで引用されるので、ご存じの方も多いかも知れません。

産業革命以降4倍に増えた日本の人口は、10年前の1億2784万人を頂点に減少しています。そして、今後100年で再び3000万人目指して人口が大激減するというのです。そこで「人口減少＝空き家の増加＝大変だ！」が刷り込まれました。

図1-1　我が国の人口は長期的には急減する局面に

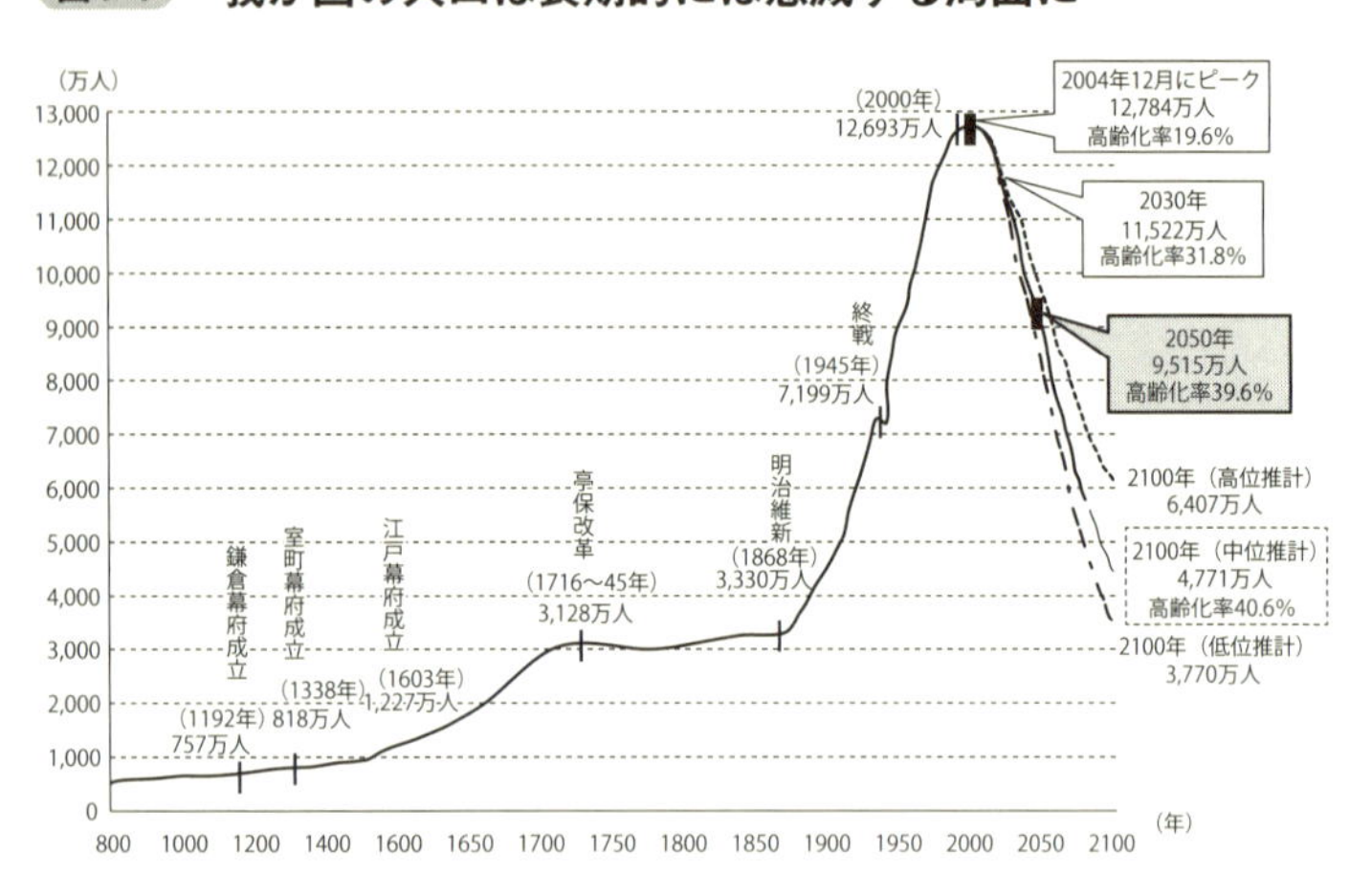

（出典）総務省「国税調査報告」、同「人口推計年報」、同「平成12年及び17年国税調査結果による補間推計人口」、国立社会保障・人口問題研究所「日本の将来推計人口（平成18年12月推計）」、国土庁「日本列島における人口分布の長期時系列分析」（1974年）をもとに、国土交通省国土計画局作成

図1-2　世帯数と平均世帯人員の年次推移

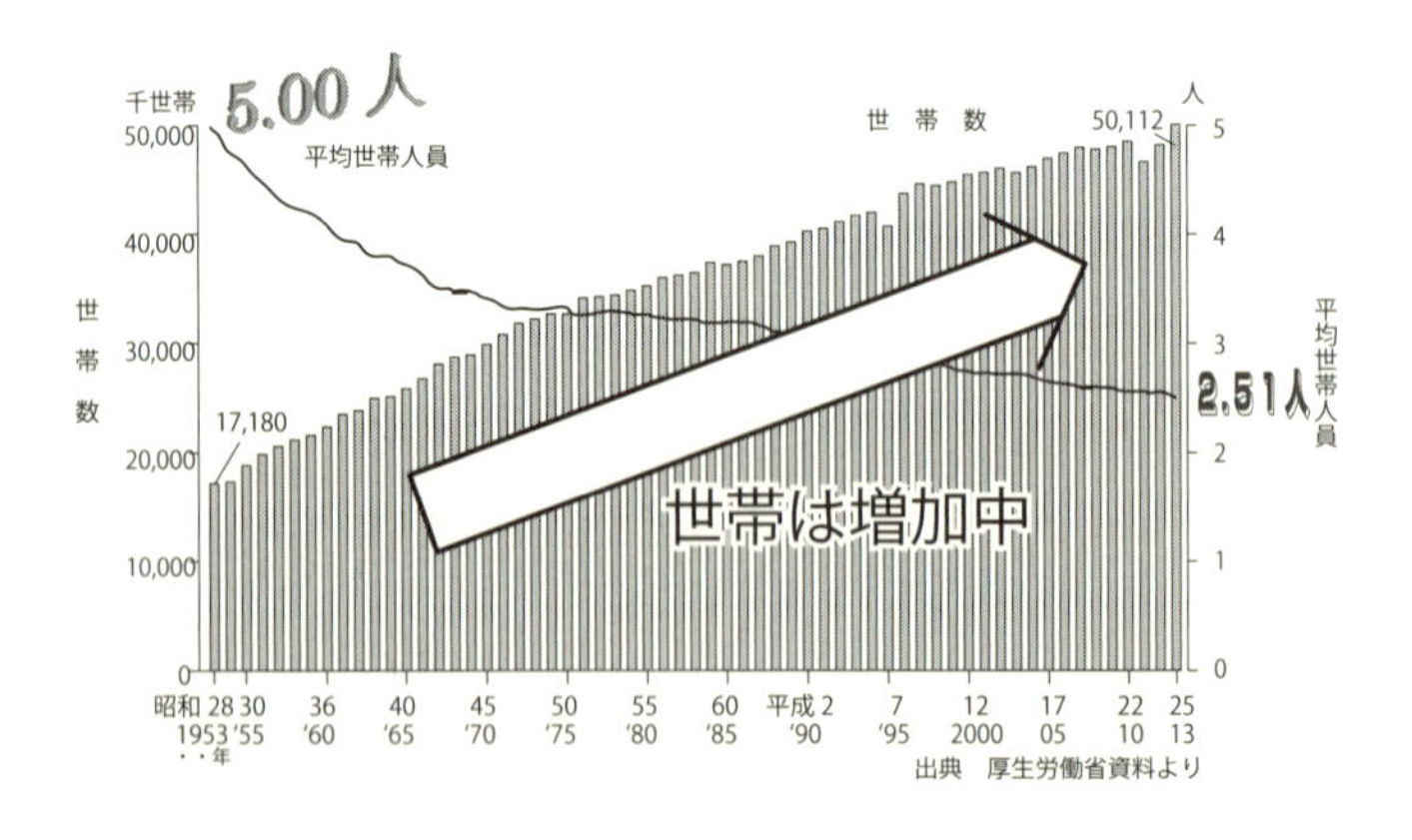

農村にある空き家の例

しかし落ち着いて考えてみると、「必要な家の数＝人口の数」ではありません。住む家は家族に一つ、一家に一つあれば十分です。テレビや車とは違い、「家族みんな一つずつ家を持つ」なんてことはありません。**図1－2**（前ページ）を見てください。人口が減少している現在の日本でも、世帯数は増えているのです。「必要な家の数＝世帯数」は微増し続けているのです。

ですから、「空き家が増えるのは人口が減少するから」という理屈は全くのデタラメだったのです。

③「世代の偏り」が空き家の原因

都市郊外の空き家の例

では、何が原因になるかといえば、ズバリ「世代の偏り」です。確かに空き家は、地方の交通不便な中山間地（※1）で増えていきます。もう一つ、都心郊外の住宅団地でも空き家が激増しています。この中山間地と住宅団地の共通点が、「世代の偏り」なのです。

中山間地では村の若者が都会へ出て行くので、お年寄りばかりの集落になります。「限界集落」といった言葉もよく聞かれます。お年寄りが亡くなったり、長期間入院すれば、空き家になってしまうのです。若い人がいないので、地域から子どもが消え、地域は衰退していくのです。

※1　平野でもなく、山岳でもない、ほどよい山中のこと

図1-3

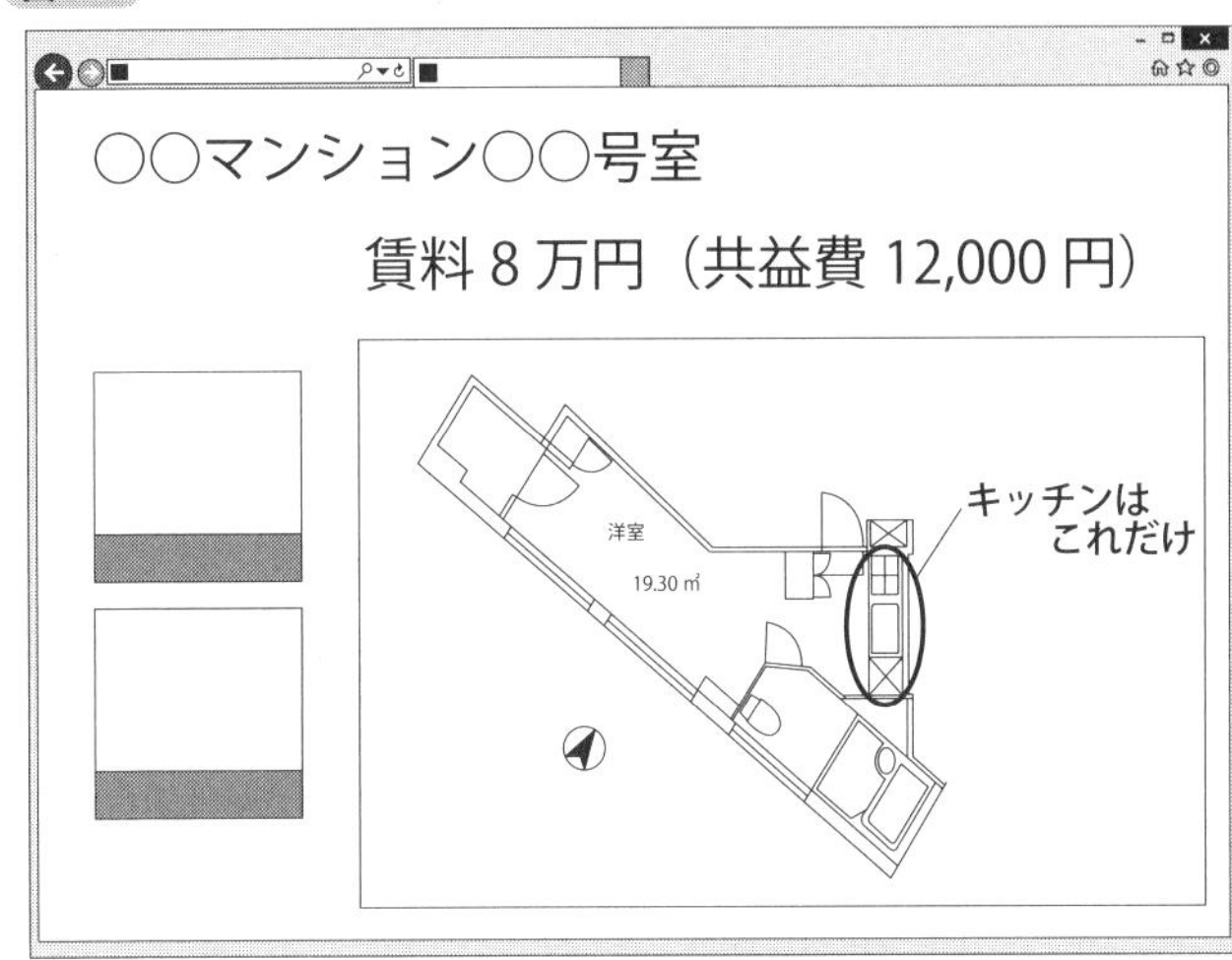

一方、都心郊外の住宅団地ではどうでしょう？　最寄り駅までバスで20分、そこから電車で都心まで1時間、都心に行けば何でもそろっています。そこは都会の一部なのです。しかし昭和40年代から60年代にかけて造成された住宅団地を購入したのは、その時に40歳代だった人が多いでしょう。新たに引っ越したあこがれのマイホームの周りに住んでいる人は、だいたい似た年齢、同じような家族構成、同じような年収、社会的ステイタスを持つ人でした。

それが20年経ち、30年経てば、子どもは駅前のマンションを購入して独立し、住宅団地はお年寄りだけの団地になってしまいます。後述しますが、「空き家だけの高級住宅団地」

も悲惨です。あとは中山間地と同じ、お年寄りがいなくなれば、空き家が発生するのです。
若者が集まる都心だって同じです。やりがいを求めて都心に出て**図1－3**（前ページ）のようなワンルームマンションに住むとしましょう。仕事は派遣で手取り15万円、家賃に8万円で残り7万円、たいした食事も作れないワンルームマンションと会社との往復の生活。結婚する金銭的余裕もなければ、異性と一緒に暮らすスペースもありません。子どもなんてもってのほかでしょう。

逆に、一つの地域に子どもからお年寄りまでいろんな年代の人がいるような場所では、空き家が一度に大量発生することはありません。子どもが成長して近くに家庭を持ち、そして子どもを育てて成長する……と新陳代謝が起きる地域では、空き家はあるかもしれませんが、大量の空き家が発生して社会問題に発展することはないのです。

2

なぜ、これまでの「空き家本」は役に立たないか?

さて、あなたの一家に空き家問題が起きるとしましょう。そうでなくても空き家問題について興味が沸いたとしましょう。本書を手に取る皆様で、空き家問題について全く知らない、興味がない、ということはないはずです。すでに空き家の本をいくつか探した後に、本書を手にとったのなら、なおさらでしょう。

ところが、ほかの書籍はどうでしょう? これまでの「空き家本」はいくつかに分類されます。

①学術的見地から書かれている本

日本の経済構造や人口構成、これまでの住宅政策の歴史から、今後の空き家問題についてマクロ的な分析を行い、何らか提案しようとする本があります。統計手法を駆使して空き家数を予測したり、学者や有名なシンクタンクの先生が書いている本です。

これが、読んでもどうもしっくりとこない。うちの実家が空き家になって困っているのに、日本経済の話や法制度の話をされても、かゆいところに手が届きません。しまいに「だからうちの空き家はどうしたらええねん！」と言いたくなってしまいます。

これらの本は、言ってみれば「空き家概論」、学術的な広い視点から、空き家が増えた事象を分析しているにすぎないのです。そして、そのどれも、社会的な提案はあっても個別具体的な解決方法は載っていないのです。モチは餅屋、学者の方には問題を見ることができても解決することはできないのです。

同時に、これは「空き家問題の解決が簡単ではない」ことを意味しています。わたしたちの空き家管理の活動も、独自の視点と活動の活発さで世間にちょっと注目されたりしていますが、それでも対症療法的で、「これだ」という解決方法は見出していませんし、数学の公式のように、どんな場合も当てはまる解決方法はありません。わたしたちも個別の案件ごとに頭を悩ませて取り組んでいるのが実情です。

②聞き伝えの本、読むと結局投資の本

学者さんの「空き家概論」に対して、こちらは「空き家各論」個別の実例が載っています。しかし「結局ウチはどうしたらええねん！」です。

その理由の一つは、取材で構成されている点にあります。実例は載っていても、それは聞いた話でしかありません。やはり作者なりのノウハウや苦労話から導かれる方法がほしいな、それをウチにどうやって当てはめていこうか、そんなふうに思う人も多いのではないでしょうか？。

そして、「結局ウチはどうしたらええねん！」と思う、もう一つの理由があります。この手の話は「成功例」しか載っていないのです。「空き家買ってこんな風にうまくいきました」という話だけ、ウマくいった話だけなのです。失敗談から学ぶこと、それこそが空き家問題を解決でき、夢にまで出てくる空き家の呪縛から逃れるヒントになるのです。

それから、「空き家を買って貸してこんなに儲けました」という本もあります。「空き家を貸すと儲かる」……実は、これは筆者も正しいと思っています（第6章参照）。空き家は

安く買うことができ、それぞれ個性が強いので長所を伸ばし、短所を改善すれば、たった5年で投資資金を回収できる、というのは間違いではありません。しかし、現実の空き家問題は、「テーブルの上に現金100万円があって、これをどうするか？ そうだ、空き家を買って儲けよう」からスタートではありません。「持ち主がいなくなり、草木で荒れ果てた現実のこの空き家をどうしたら良いか、できれば忘れてしまいたいほど途方に暮れている」状態からのスタートです。マイナスの状態から、すごろくのようにコロコロ動かして解決していくこと、それが今、求められているのです。

③世界をリードする日本の空き家

空き家問題は、ここ2、3年で急速に社会問題として知られるようになりました。その原因の一つは、人口減少にともなって将来起きる世帯数の減少、人口構成の不均衡といったことですから、そうそうすぐに解決できるものではありません。その原因だって、これまで何十年と続いた経済成長の結果なのです。産業革命や戦後の高度経済成長の結果、人口構成が不均衡になって空き家が増え、これからも増え続けるのですから、その解決にも数十年かかると考えるのが普通です。その中で、「ウチの空き家をどないしたらええねん！」

の答えを見つけていくことになるのです。

実は、経済成長が終わると人口減少社会になるというのは、日本だけの問題ではありません。隣の韓国も、中国も、ベトナムも、タイも、マレーシアも、インドだって経済成長後に人口が減少することが予測されています。日本と同じような経過をたどるのです。日本の経済成長がたまたま1990年ごろに終わっただけ、その後訪れる人口減少時代における空き家問題では、実は日本が世界の先端、トップランナーを突っ走っているのです（次ページ図1－4）。

なぜ、「空き家本」を読んでなぜ解決しないのか？　それは、われわれ日本が世界人類の経験したことのないところにいたから、みんな最先端を走りながら「答えを模索中」だったからなのです。

図1-4

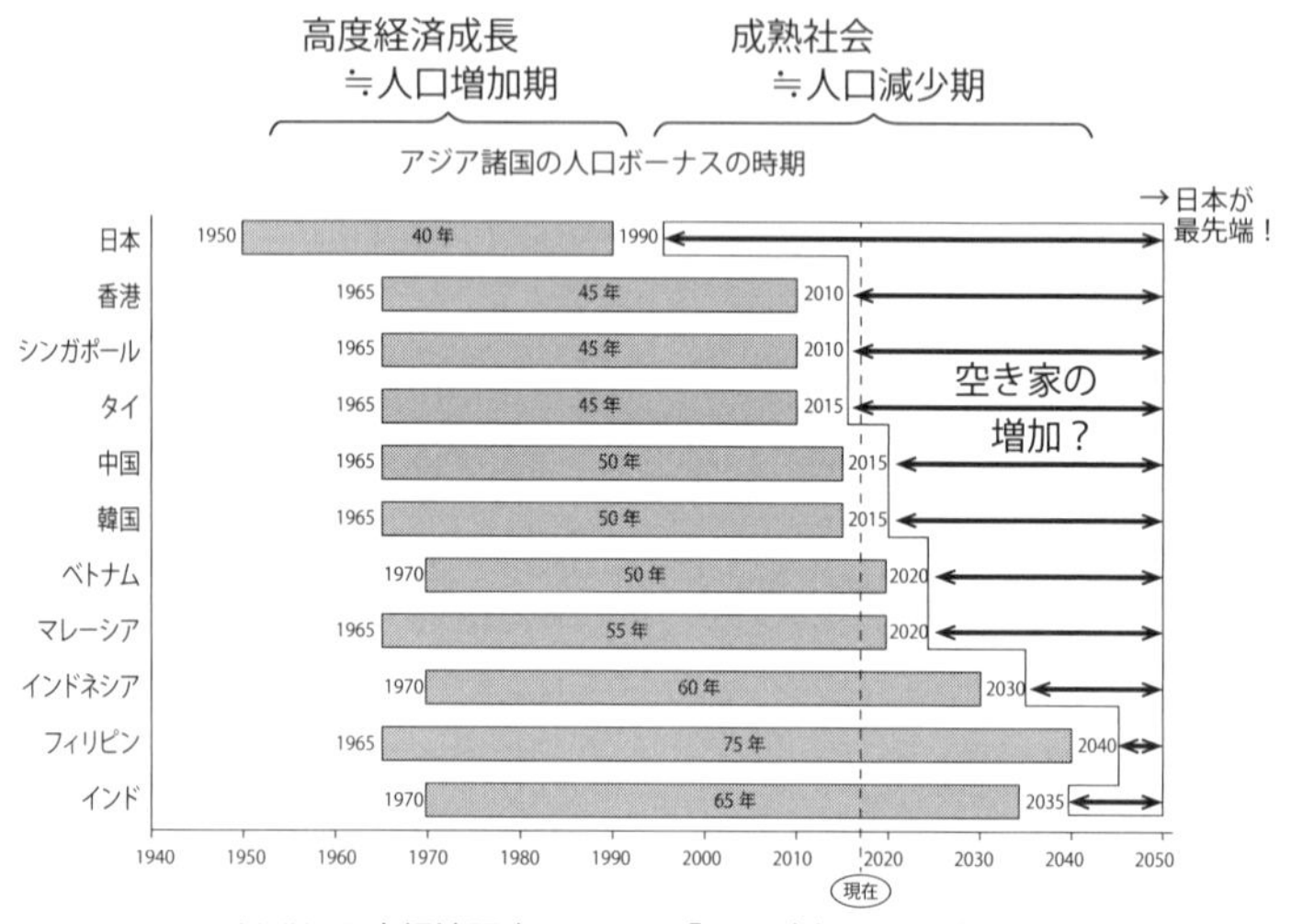

（出典）日本経済研究センター「人口が変えるアジア」（2007年）より

空き家発生のメカニズムを知る

①「空き家が増えた」と家のせいにされる間違い

一般に、わたしたちが空き家問題について話すとき、よく「空き家が増えて問題だ」と表現します。この文の主語は「空き家」、述語は「問題だ」となります。これだと、空き家が増えるのは家のせい、そんな風に見えますが、実際には、そんなおかしな話はありません。家がある日意思を持ち、「ヌォォー！」とか「ガォォー！」と言って中に住んでいる人を追い出すことはあり得ません。怪獣映画の見過ぎでしょう。

「家」は大工さんが作ったときから、雨の日も風の日も、じっと静かにそこに佇んで、そこに居続けているだけなのです。重力に耐え、風雪に負けず、物理の法則に従い少しずつ朽ちていくだけなのです。

図1-5

住宅の減価の要因

①物理的要因	使用による摩滅・破損 時の経過 自然的作用 偶発的損傷 }による老朽化 など
②機能的要因	建物と敷地の不適応（不釣り合いなこと） 設計の不良 型式の旧式化 設備（能力）の不足 能率の低下 など
③経済的要因	近隣の衰退 環境との不適合 市場性の減退 など

国土交通省　不動産鑑定評価基準より（一部改変）

不動産鑑定評価基準という資料が国土交通省から公開されています。不動産価格の求め方が詳細に書いてある専門家向けのものですが、その中に、建物がダメになっていく原因が列挙してあります（**図1－5**）。家は、時間が経つと使い勝手が悪くなったり、住みにくくなったりするのです。社会が変化するのも原因の一つです。できたときには「昔の最新型」でも、何十年か経てば「使いにくいよね」とか「エコじゃないね」となるのです。不動産鑑定評価基準にはその原因が事細かに分析して書いてありますが、要は、「古い家は住みにくい」、そうなれば「人が家から離れてしまう」のです。

空き家になる原因、それは、家が人を追い

図1-6
空き家発生のしくみ

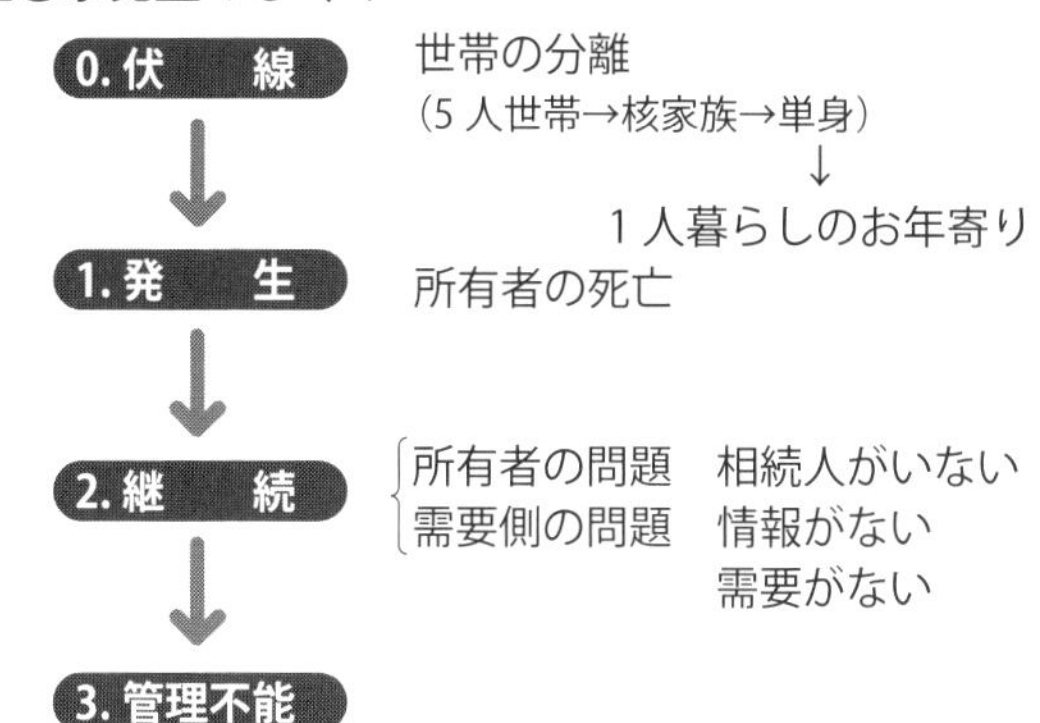

参考）一般財団法人国土技術研究センター「空き家等の対策の現状と今後の展望」を模式化

出すのではなくて、「人が家から離れてしまう」ことなのです。当たり前のことですが、「空き家が増えて……」と言えば、家のせいなのかと誤解してしまうかもしれませんが、家のほうも「いい迷惑」と思っているはずです。

②空き家発生のメカニズムを知る

空き家の発生が人の問題であることを指摘した論文があります。空き家発生のメカニズムについて研究して発表した資料ですが、**図1-6**を見てください。一般財団法人国土技術研究センターから出た論文を、筆者なりに模式化したものです。

これによれば現在の空き家問題のルーツは、

高度経済成長に求めることができます。敗戦後、日本が復興し、経済が発展するとともに1世帯あたりの人数が少しずつ減少していきます。3世代10人の大家族だったのが、3人1世帯の核家族が主流になり、平成初期には子どもを持たない2人家族のDINKS、そして今や「お一人様」がもてはやされるようになりました。18ページの下のグラフをもう一度見てみると、昭和28年に、平均世帯人員が5・00人だったものが、平成25年には半分の2・51人、ちょうど半分です。同時に、人口の高齢化に伴い高齢者の一人暮らし世帯も増えました。

そして、家を守る最後の砦、一人暮らしの高齢者が、ある日突然に入院したり死亡してしまいます。その時点が「空き家」の発生です。たとえば80代で亡くなれば、その子どもたちは50代。子どもと言っても仕事を持ち、すでに自分の家を建ててそれぞれの家族があります。わざわざ、実家の遠くて古くて寒くて段差の多い家に住む理由はまったくありません。空き家になって最初の頃は盆暮れ正月に様子を見に来たりするかもしれませんが、そのうち、面倒になってもう立ち寄ることもなくなります。とはいえ、思い出がいっぱいある実家を売ろうにも踏ん切りがつかなかったりするうちに、誰も管理する人のいない立派な空き家が誕生してしまうのです。

③空き家は「結果」でしかない

この、空き家の発生するメカニズムを見ればわかるように、「空き家」というのは結果であって、原因は「人」にあるのです。町を歩くと、打ち捨てられたような空き家を見つけることが増えました。中には、それが古い家の情緒を醸し出しているためでしょうか？古民家の持つ魅力に「もったいない」とか「なんとかしなきゃ」と自分勝手な創造力を増幅して思い込み突っ走ってしまう人たちがいます。そして、こともあろうにその空き家をカフェにしたり、シェアハウスにしたりすることで空き家問題を解決したように勘違いしてしまう風潮があります。特に建築系の方に多く見受けられ、行政も補助金を交付したり、新聞や雑誌でもそのような活動を取り上げたりしています。しかしそれは、単に表面的な結果を見ているだけで、空き家問題の本質には届いていないのです。

空き家をリノベーションして、ちょっとおしゃれ気なカフェなり新しい何かを作ったとしましょう。最初はメディアに取り上げられ、人もたくさん来て注目されますが、結局活動が続かず、人も離れてまた空き家に戻ってしまう例がちらほら見受けられます。

昔「クサイ臭いはモトから絶たなきゃダメ！」というトイレ洗剤広告のキャッチコピー

がありました。クサイ臭いは臭いだけ取り除いても全くダメなように、空き家問題も結果として見えるだけの空き家にどんなにはたらきかけても解決にはつながらないのです。空き家問題の原因は「人」、その「人」をどうするか、そこに注目してはじめて有効な解決へのアプローチができるのです。

あなたの家に突然に起きる空き家問題、しかも複数

①始まりは、近所からの文句の電話

「お宅の実家の近くに住んでいる○○と申しますが、お宅をなんとかしてもらえませんか？」

Aさんの家にある日突然見知らぬ人からの電話です。言葉遣いは丁寧ですが、低くて強い感じの声は、その分強い不満を持っているように聞こえます。「お宅の実家の庭が荒れ放題で大変なことになっているんです。」と。

聞くと、庭や家の周囲から伸びた草が荒れ放題になり、たまらず近所の人が近所中回って同級生を探しだし、卒業アルバムの名簿から同級生を一人ひとり聞きまわって連絡してきたというのです……。

所有者は、建物を適切に維持管理する責任があります。その根拠は民法717条の土地工作物等の所有者責任、建築基準法8条の建築物の所有者責任です。特に建築基準法では、損傷・腐食・劣化が進み、そのまま放置すれば著しく保安上、衛生上危険な場合には、行政から必要な措置をとるように勧告・命令される可能性もありますし、場合によっては行政が代わりに取り壊すこともあります。しかし、第三者の役所が他人の財産である家を壊すには、やはり相当面倒な手続が必要で、年間全国で10件ほどしか適用されていません。そのため、空き家が増えているという現在でも、有効な方法はありませんでした。そこで、平成26年、空家対策の推進に関する特別措置法が成立し、空き家の管理は「所有者の責任」とダメ押しで、再度明記されました（次ページ**図1-7**）。

さて所有者のAさんは、休日を使って実家を見に行きました。新幹線とレンタカーで4時間、やっと着いた実家だったところは、確かに家を取り囲むように草木が茂り、覆い尽くそうとしています。草と言っても田舎のそれは野太く、腰丈の高さまで生い茂れば、持ってきた鎌と軍手では全く歯が立たず、草を刈ることも、かき分けて玄関までたどり着くこともできません。

図1-7
法令による危険家屋対策

法令	対象・状況	措置
建築基準法	保安上の危険、有害な建物	除却・移転・改築等の命令
民法	相隣関係 土地工作物の所有者責任	民事上の解決
消防法	火災の危険が迫っている場合	屋外の延焼のおそれのあるものの除去を命令
道路法	道路の交通に支障を及ぼす恐れのある行為	道路上の工作物の除去等を命令
廃棄物処理法	自己所有地でごみを不法に処分	除去等の措置を命令
	生活環境の保全上支障がある場合	所有者への指導・不法投棄の除去命令
景観法	良好な景観形成に著しい支障がある場合	所有者への命令
密集市街地整備法	密集市街地の延焼防止上危険な建物	除去を勧告
空家対策特別措置法	特定空家に指定	立入り調査・指導・勧告・命令罰金・代執行・固定資産税の特例除外

②家計を真綿のように苦しめる修繕費、時々牙を向いて襲う

Aさんの実家は、一昨年両親が他界し、それ以来空き家です。一人っ子のAさんが相続していますが、日々の仕事に追われる毎日、正直その存在すら忘れていました。最初は電気・ガス・水道・ケーブルテレビの契約はそのままにしていましたが、払うのがバカバカしくなり、全部解約しました。町内会費は自治会からはかなり文句を言われましたが、無理やり払うのをやめました。しかし、どうしても解約できない経費があります。

固定資産税です。

Aさんは実家の固定資産税を毎年15万円を

支払っています。延滞すれば最初の1ヶ月間は2・8%、それ以降は年9・1%も延滞金かかります（自治体により若干異なる）。正直、忘れてしまいたい、家ごと市役所に寄付できたらと思いながらも、市役所は寄付を受け付けてくれません。家と法律がある以上、固定資産税を払えと言うだけです。使いもしない家に払う、この15万円があれば旅行の一つもいけるのに、身を切られる思いで泣く泣く払わざるを得ません。

そんなある春の日、爆弾低気圧がやって来ました。春の嵐です。最大瞬間風速27・3メートル、Aさんの実家の外壁のトタンが3枚、はがれて飛んでいってしまいました。また近所から文句の電話がかかってきました。仕事が忙しい時に限ってこんなことが起きます。また4時間かけた実家に見に行って、工務店に工事を頼む。費用はさらに15万円……もうホトホト疲れました。まったく楽しくありません。

こうなると落ち着いて眠れなくなります。毎日実家の天気予報はチェックするクセがつきました。晴れだと安心、雨ならまだしも雪の日や風が強いと心配です。しかし、欠かさずチェックしたところで、遠く離れた実家の場所になにかが起きても、すぐには対応できないのです。

トタンが飛んでいった家の写真

③一家の問題は複数の空き家問題に発展

Aさんには、配偶者がいます。その実家も、一人暮らしのおばあさんが住んでいます。不謹慎かもしれませんが、ここは冷静に考えると、あと数年もすれば空き家になるに違いありません。

だいたい似た年齢の人が結婚することが多いでしょうから、一家の空き家問題はある時期から急に発生して、一つでは収まらないのです。Aさんの配偶者の実家も同じことが起きるかもしれません、いや、起きるでしょう。そのことを考えると頭痛のタネ、頭の前のほうが重く感じられてきます。気がかりです。

そして、毎年の固定資産税とトタン飛ぶ事件と同じようなことが起きれば15万が30万、30万が60万と支払いも倍々ゲームに増えてきます。

それだけではありません。実は、一家の抱える空き家はさらに増えていくのです。私の実家、配偶者の実家、そして、それぞれの父方の実家、母方の実家……倍々ゲームどころか加速度的に、いや、一家の空き家問題は、ねずみ算的に増え、あなたを悩ませていくことになるのです。

放置するとこんなことになる

①空き家の維持管理費は年55万円

第1章で「家は物理の法則に従い、そこにたたずみ、静かに朽ちるだけ」と書きました。では、「放っておけば害も益も何もないのか？」というと、そうではありません。

筆者のいる地方都市の空き家の維持管理費用は、年間40～60万円が目安です。「そんなにかかるのか？」と疑いたくなりますが、かかります。

次ページの**図1-8**を見てください。電話・電気・ガス・水道は空き家になって解約するとして、それら以外に家を維持するのに必要な項目をざっと挙げてみました。筆者のいるところは庭があって家が大きく、地価が安いという特徴があります。かと言って都市の小さい家なら比例して安くなるかというと、そうでもありません。材料費がかかりません

図1-8

空き家に毎年かかる費用

毎年かかるもの	大きな家	小さな家
固定資産税	15万円	15万円
自治会費	4万円	1万円
庭の剪定（年2回）	10万円	5万円
偶発的な損傷	年5万円	同左
見えない費用（瓦の交換 外壁の交換）	1年あたり21万円（35年毎に350万円 35年毎に400万円）	1年あたり17万円（35年毎に100万円 35年毎に150万円）
合計	55万円／年	27万円／年

が、地価は高いし小さいなりに手間がかかります。

第1章の第4項で説明したように、固定資産税は法律に基づくので仕方なく払うとしましょう。空き家でも自治会費を請求してくるところは多くあります。庭の剪定だって、1日の職人の日当が2万円から3万円といったところですから、節約にも限界があります。

後でも説明しますが、空き家になれば半年ごとに何かが起きます。雨、風、雪による偶発的な損傷は、とりあえず年5万円としておきましょう。

そして、見逃せないのが定期交換費用です。給湯器やエアコン等の設備もありますが、空き家でお湯が出なくても、エアコンが効かなくても困らないとして考慮外としましょう。しかし、瓦と外壁はそういきません。家を水の侵入から守る、瓦と外壁の交換はどうしても必要です。そして、瓦と外壁を、自分でＤＩＹできる人は、普通いません。

確かに、空き家になって２、３年放っておいても何も起きないように見えるかも知れません。雨漏りを放置しても、すぐに家が倒れてしまうわけでもありません。が、放っておけば、その分費用が余計にかかったり、いざというとき売れなかったり、そのツケは必ずやってくるのです。

②半年ごとに何かが起き、トドメは固定資産税が最大6倍に！

実際に空き家を管理していると、今はちゃんとしている家でも、半年も管理していれば「何か」が起きます。ただ、それがどんなことかは予想できません。小さなことかもしれませんし対処が必要なことかもしれません。でも、それは本当に起きるのです。

たとえば、ツバメが巣を作ったり、それ自体は微笑ましいですが、下に糞が落ちて汚れ

住居と認められず、固定資産税が６倍になった家

ると嫌でしょう。今度はそれを嗅ぎつけてくる虫がやってきます。それから、ネコがいつの間にか入ってきたり、ネコならいいですが、ハクビシンとなると、天井裏に糞のタワーを作っていきます。しかも、3センチのすき間があれば、こじ開けて家の中に入ってくるというから油断できません。

侵入するのは動物だけではありません。人だって侵入することがあります。いつの間にかガラスを割られて一夜の宿に使われたり、悪い不良のタバコの溜まり場になった空き家を筆者は実際に見ましたし、犯罪のアジトに使われることだってあり得ます。

そして、放置した空き家には「固定資産税が最大6倍」というペナルティが課されます。

この制度、もともとは、昭和48年、日本の高度経済成長時代、マイホームが夢のまた夢、住宅不足が深刻だった時代に、国もなんとか家を建ててもらうために「家を建てた土地の固定資産税を最大2分の1にする」という特例を設けたことからはじまります。そして翌年、2分の1では満足せず、なんと6分の1と大盤振る舞いしてしまったのです。

この、「小規模住宅用地の課税標準の特例措置」をひどい空き家（特定空家）では適用しないこととなったのです。いままで空き家でも家さえあれば固定資産税が安くて済みましたが、それが空き家増加の温床となっている、と国は考えたのです。次ページの**図1－9**に特定空家の認定基準がありますので、こうならないよう、持ち主が空き家を維持管理することが必要なのです。

③人は3年で力尽き、空き家は40年で自然に還る

普通の人が空き家を抱えて、なんとか維持管理しようと努力するのですが、限界があります。最初は頑張っても、だいたい3年で、お金も時間も労力も精神的にも疲れ果ててしまいます。

図1-9

空き家の判断基準

1 年間使用されていないことが 1 つの目安

建築物等の用途 建築物等への人の出入りの有無 電気・ガス・水道の使用状況、それらが使用可能な状態にあるか否か 建築物等とその敷地の登記記録、建築物等の所有者等の住民票の内容 建築物等の適切な管理が行われているか否か 建築物等の所有者等によるその利用実績についての主張

特定空家の判断基準

柱の 1/20 以上の傾き 基礎の変形、土台の破損 柱・梁・筋交いの複数の破損 屋根の変形・剥落・腐朽 軒の腐朽 軒・雨といの垂れ下がり 外壁の貫通穴・剥落 看板・給湯設備の転倒・脱落・腐食 バルコニー・塀・門の脱落・破損・腐朽 擁壁の破損・土砂の流出 石綿等の有害物質の飛散 ごみの放置

報道資料・国土交通省資料より

自然に還ろうとしている家

それでも空き家を放置すると、まず雨漏りがおきます。結露だって馬鹿にできません。千里の道も一歩から、雫の一滴からでも雨漏りと同じことが始まります。雨漏りは虫を呼び、動物を呼び、その糞尿が木材にかかると加速度的に、一説には水の100倍のスピードで家が傷んでいきます。そうなるとあとは自然のなすがまま、外壁が落ち、屋外と屋内の区別もなくなり、確実に朽ちていくのです。

およそ40年ほどすれば、土台が腐って柱が折れます。こうなれば「家」とは呼べなくなるでしょう。最後には、かつて庭の木々や草だったものが、古墳のようにこんもりと家を覆いつくし、微生物により分解され、自然の一部へと還っていくことになるのです。

第2章

ダメダメな「空き家術」

空き家がある周りを分析しないダメダメさ

①売らない、貸さないダメダメさ

空き家の所有者は、空き家になっても、売ろうとも貸そうともせず、現状維持のまま次の使い方を探す努力をしたがりません。一方、これがアパートだったら、空室が出るやいなや、大家さんは血眼になって次の借主を探します。なぜでしょう？　3つ理由があります。

最大の理由は「空き家は収益を生まない」から。多少放置しても困らないからです。人の気持ちは「もうかるもうからない」「損する損しない」「プラスとマイナス」で動きます。損も得もしないものは人畜無害、放置プレイが意外と心地良いのです。すると、いつの間にか記憶からも消え失せます。多少の損ならがまんもします。もちろん第1章で説明したとおり、長く放置すればそれだけしっぺ返しがやってくるとしても……。

第2の理由は「盆暮れ正月に実家に帰るときに泊りたいからそっとしておく」。しかし多くの人にとって、盆暮れ正月に実家に帰るなんて、最初の1~2年までです。数年すればそのうち家じゅうホコリで一杯になり、湿気臭い部屋とカビだらけの布団に寝たい人などいません。しかもお盆は暑いし、正月は寒い。古い家ならなおさら、健康に良いことなどひとつもありません……。

第3の理由は「荷物、特に仏壇がある」と「心の整理がつかない」。荷物の片付けを頼めば費用も手間も引越しとたいして変わりませんし、第4章で説明しますが、仏壇はいつでも動かすことができます。しかし問題は後者、人の心は、その人しか動かせません……。

②家には資産価値があるという思い込み

そうするうちに、家の資産価値はドンドン下がります。先の不動産の価格理論を記した不動産鑑定評価基準では、住宅の価格は、

（価格）＝（一般的な要因）×（地域要因）×（個別的要因）

によって定まるとされます。現在日本は人口減少、世帯数も今後減少するとなれば、1つ目の一般的要因はマイナス方向に働きます。昔の住宅団地や中山間地など、世代間の偏りで一気に空き家が増えるような場所では、2つ目の地域要因も大幅マイナスに働きます。そして、家が古くなり、故障や不具合が増えれば、3つ目の個別的要因も当然マイナスです（**図2－1**）。

図2-1

不動産の価格に影響を与える要因	
一般的要因	一般経済社会において不動産の価格に影響を与える要因 気象、人口、家族構成、貯蓄、消費、投資、国際収支、財政、金融、物価、賃金、雇用、交通体系、税制、規制など
地域要因	不動産の価格に影響を与える地域的な要因 道路の幅員、都心との距離、上下水道、嫌悪施設、災害、騒音、眺望など
個別的要因	不動産ひとつひとつの価格に影響を与える要因 間口、奥行、角地、道路幅員、埋蔵文化財、土壌汚染など

つまり、大ざっぱにいって、住宅価格は今後上がる見込みはない、そういうことになるのです。中古住宅市場が存在するのは便利な駅の周辺だけ、駅から信号5個も離れれば、そこは住宅価格ゼロへまっしぐらなのです。すでにそのような「値がつかず、タダでもいいから引き取ってくれ」的な地域は、駅から遠い所から順番に発生し、虫食いのようにゆっく

り蝕まれて広がっているのです。

将来、住宅の資産価値がなくなると思える理由は、現在の住宅の評価方法にもあります。日本の住宅は、20年経てば価値ゼロ、その昔、30坪で、1500万円かけて作った家は、10年で半分の750万円、20年で0円となります。しかし「その後」もあることについてはあまり知られていません。

土地の上に建物があって、建物の老朽化が進むと、修繕に多額の費用をかけるより、建物を壊して新しい家を建てるほうが安く済みます。経済合理性があると言ってよいでしょう。このとき、土地付き一戸建ての価格はこうなります。

（住宅価格）＝（土地価格）－（建物取壊費用（30坪で150万円ほど））

土地の価格が安いところでは、限りなく住宅価格がゼロ、農村のように土地の価格が安く、農家住宅のように建物が古くて大きなものだと、住宅価格がマイナスになることだってあります。「家を売って現金を受け取るのでなく、追い銭を払う」という不思議な現象はすでに起きているのです。

最後に増築・改築などリフォームは不動産価値にあまりプラスの影響はないことも知っ

ておいてください。中古車価格で例えると、車にオプションの電装品をつけても、いざ売るときの中古査定にプラスにならないこと、むしろマイナス査定になることはご存知でしょう。同様に、現在の住宅価格査定の理論では、リフォーム費用はかけるだけ損、不動産価値には反映されにくいのです。

③空き家危険度を分析する

だから、空き家は早めに次の手を打つのが一番です。早ければ早いほど負の遺産としてダメージが小さくなります。

筆者は簡単なチェックシートを作ってみました。空き家になった後、資産価値が維持できるかどうか、**図2－2**（次ページ）にあてはめて簡単なチェックをしてみましょう。

項目は筆者が空き家の管理をしているときに、「空き家が多いな」と思う地域の特徴です。ここに書いてある項目が多ければ多いほど、地域として空き家が進行している場所です。そして、住宅価格に負の影響を及ぼしていきます。1つの参考にしてください。

図2-2
「空き家の資産価値は維持できるか？」チェックシート

項目	得点
・分譲して30年以上の住宅団地である	（＋2）
・坂の上の丘陵地にある	（＋2）
・駅からバス便だ	（＋2）
・バス便すらない	（＋2）
・駐車スペースのない家が多い	（＋2）
・不動産屋さんが近くにない	（＋2）
・最近小学校が閉校・合併した	（＋2）
・そういえば子供を見かけない	（＋1）
・見える範囲の空き家が●軒あった	（●の数＝得点）
・自治会費が年間1万円以上だ	（＋1）
・駅から信号5個以上離れている	（＋1）
・駅から信号8個以上離れている	（＋1）
・自然に囲まれている	（＋1）
・近くに防犯注意の看板がある	（＋1）
・第一種住居専用地域である	（＋1）
・市街化調整区域である	（＋1）

ご自身の空き家、あるいは住んでいる家に当てはめてみましょう。

10点以上	危険水準
5点以上	要注意
4点未満	ひとまず安全

空き家バンクに相談に行くダメダメさ

①行政サービスの限界

空き家の発生が自分の身に降りかかった、なんとかしなきゃ、そこで、どこに行くのかが問題です。市町村には「空き家バンク」という制度があります。増える空き家の情報を掲載し、誰かに、願わくば市町村の外から若い人を呼んで空き家に移住してもらおう、と目論む制度です。

しかし、これが（例外もありますが）ほとんどうまくいっていません。ホームページを立ち上げて空き家物件情報を晒しておしまい、そんな市町村がどれだけ多いことか……。

そして、空き家の相談に市町村の空き家バンク行こうものなら、だいたいの人はその対

図2-3

市役所の空き家バンクの担当者の数

	市町村の人口	中核となる担当者の数	割合	専任・兼任の別
A市	40万人	2人	0.0005%	兼任
B市	5万人	1人	0.0020%	専任
C市	3万人	1人	0.0033%	兼任
D市	5万人	3人	0.0060%	専任

応のダメダメさに業を煮やし無駄足を運ぶことになります。なぜか、わたしたちのところに相談に来る人は、大なり小なりそのようなお話をされていらっしゃいます。

その理由は、3つあります。

1　職員の人数が少ない
2　新設部署で、3年すれば人事異動
3　行政職員の使命

まず、「1」については、市町村役場に行って空き家対策課に行って様子を見てみればすぐわかります。ちなみに**図2－3**は、筆者の周辺の市町村の空き家バンク担当で、中核となる人の数を記してみました。これは机の数や配置、庁舎内で職員の仕事をしている様子などを実際に見に行って判断しています。

市町村も経費削減の中、空き家対策課を設けて人員を割り振っていることだけでも立派なことだと思います。しかし、この程度の人員でしかないのも現実です。

次に「2」ですが、空き家対策課はここ1～2年で新設された部署ですから、担当者も全くのゼロからスタートです。仕事がら、ときどき空き家対策担当の方とお話しすることがありますが、「空き家対策の法律ができてもまだ市町村レベルにまで降りてきてないんですよ～」と完全に受け身の姿勢です。それもそのはず、空き家対策課に異動する前は、図書館担当だったり市長秘書室だったり、畑違いの部署から異動したのですから無理もありません。そして、3年もすればまた別の部署に異動してしまうことでしょう。引き継ぎはされるでしょうが、なかなかノウハウが蓄積できないことになります。

そして「3」です。第1章でも書きましたが、空き家問題の本質は「人の問題」です。その対策は、当然空き家になる前、一人暮らしの段階からスタートされるべきです。そして、この人の問題というのは、家族関係だったり近所付き合いだったり、持病の問題だったり、人それぞれなのです。このような根深い個々の問題に対して、行政のできることは限られてくるのです。行政が、親族間の争いに割って入ることなどできませんし、しませ

お年寄り宅でたまった洗い物を片付ける手伝い

ん。市民の税金で運営され、市民に等しくあまねく行政サービスを提供するのが使命なのに、「目の前で困っている一人暮らしの人にどのような手を差し伸べるか？」というある意味エコヒイキは、最初からできないのです。

だから、人ではなく、空き家という建物に対して施策を打つ、先に述べたように空き家の発生という結果を見て結果に働きかけるので問題の本質には届きません。しかし行政は、そうするしかないのです。行政の限界は、ここにあるのです。

②仲介手数料のしくみが空き家の放置につながる

話を空き家バンクに戻しましょう。多くの

図2-4

「空き家バンク」の仕組み

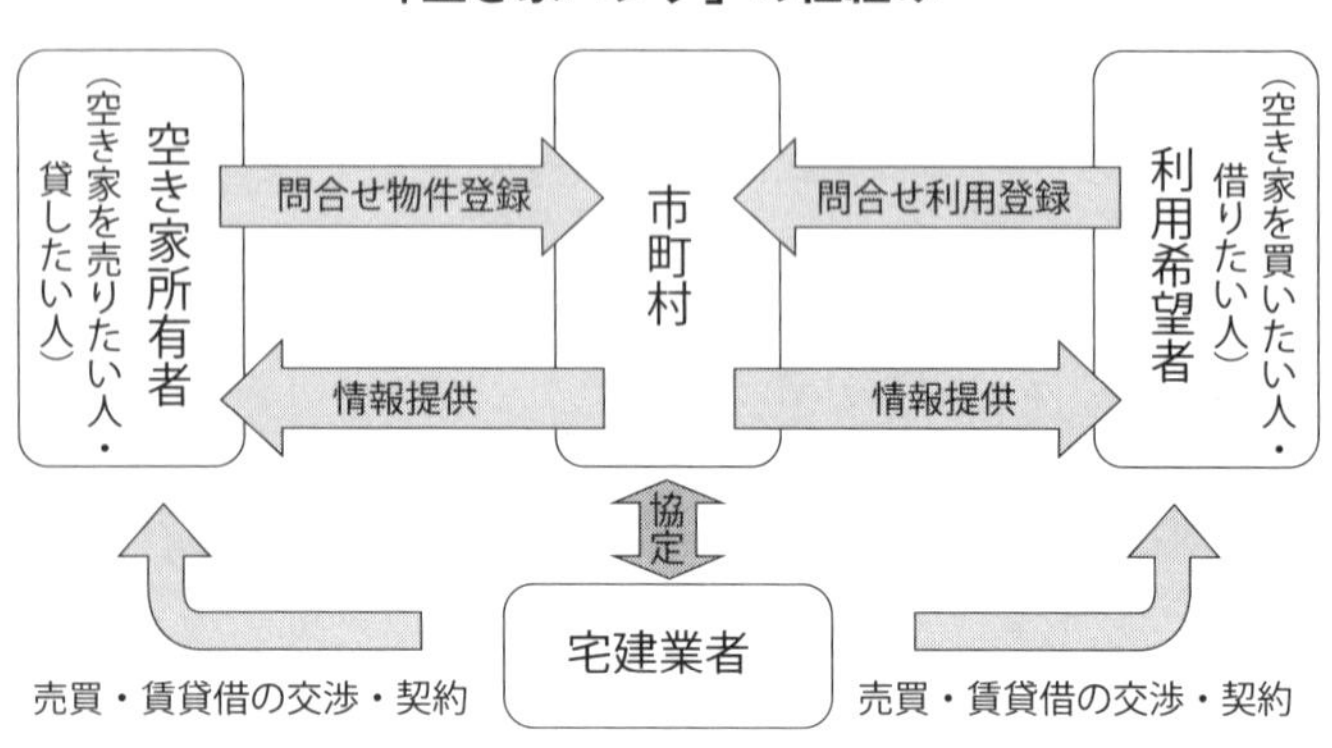

市町村では、地元の不動産業の業界団体と提携して「空き家バンク」事業を行っています。**図2－4**が仕組みで、不動産会社の仲介物件が空き家バンクに掲載され、それはつまり、市役所のホームページで紹介され、ほしい人が市役所で申し出れば、つまりは地元の不動産会社が紹介される、そんな仕組みです。最初から不動産会社に行けば話は早いのですが、実はこの仕組みも空き家の放置につながる理由の1つになっています。

売買が成立した際に不動産会社が報酬として受け取ることができる報酬額は、宅地建物取引業法で厳しく規定されています。報酬上限として、**図2－5**（次ページ）のようになっています。

図2-5
不動産会社が、売主または買主から受け取れる仲介手数料の上限（消費税を除く）

売買金額	報酬額上限
200万円まで	報酬額の5%
200万円から400万円まで	報酬額の4%＋2万円
400万円以上	報酬額の3%＋6万円

では、世の中の地方の空き家、たとえば100万円の空き家の場合の報酬額を計算してみましょう。「200万円まで」の欄を適用して、

（報酬額）＝（売買金額100万円）×5%＝5万円

たった5万円ですよ。しかも5万円が上限で、名目の如何にかかわらず5万円以上の報酬を受け取ること、いや、受け取らなくても請求するだけで宅建業法の重い罰則（3年以上の懲役または100万円以下の罰金またはこの併料）となってしまうのです。ついでに、免許取り消しで5年間業務ができなくなる行政処分も課されます。

大都市ならともかく、地方の不動産、特に空き家のような物件は、不動産業者にとっては「まったくオイシくない」案件です。日本の国土の85％は田舎ですから、そういうところに「値の付かない」不動産がゴロゴロ転がっているのです。

あなたが空き家の処置に困って不動産屋に相談に行くとしましょう。相手はプロ、即座に値踏みしてきます。「ビジネスにならない」と思われれば、適当にあしらわれるか、せいぜい市役所のホームページにあなたの空き家が長期間、さらされるだけなのです。現金な世の中ですが、それが現実なのです。

無能な働き者が生む害悪

①悲惨な空き家と悲しい田舎暮らしの例

有名なドイツのことわざに、「無能な働き者は殺せ」というものがあります。無能は仕事しないほうがまだマシ、無能が余計な仕事をし出すと周りが迷惑、という意味です。余計なことをするばっかりに、せっかくの空き家バンクの利用者も人生が台無しになるかもしれません。

甲市は農村地帯で、風情のある大きな古民家が多いことで有名です。そのことを知っていたAさん（61歳）は、定年退職後、甲市に移住して悠々自適な田舎暮らしをしようと、甲市の空き家バンクを訪ねました。甲市の空き家バンクは半年前に開設されたばかりで、市役所の担当者も新任で、一生懸命相談にのってくれました。

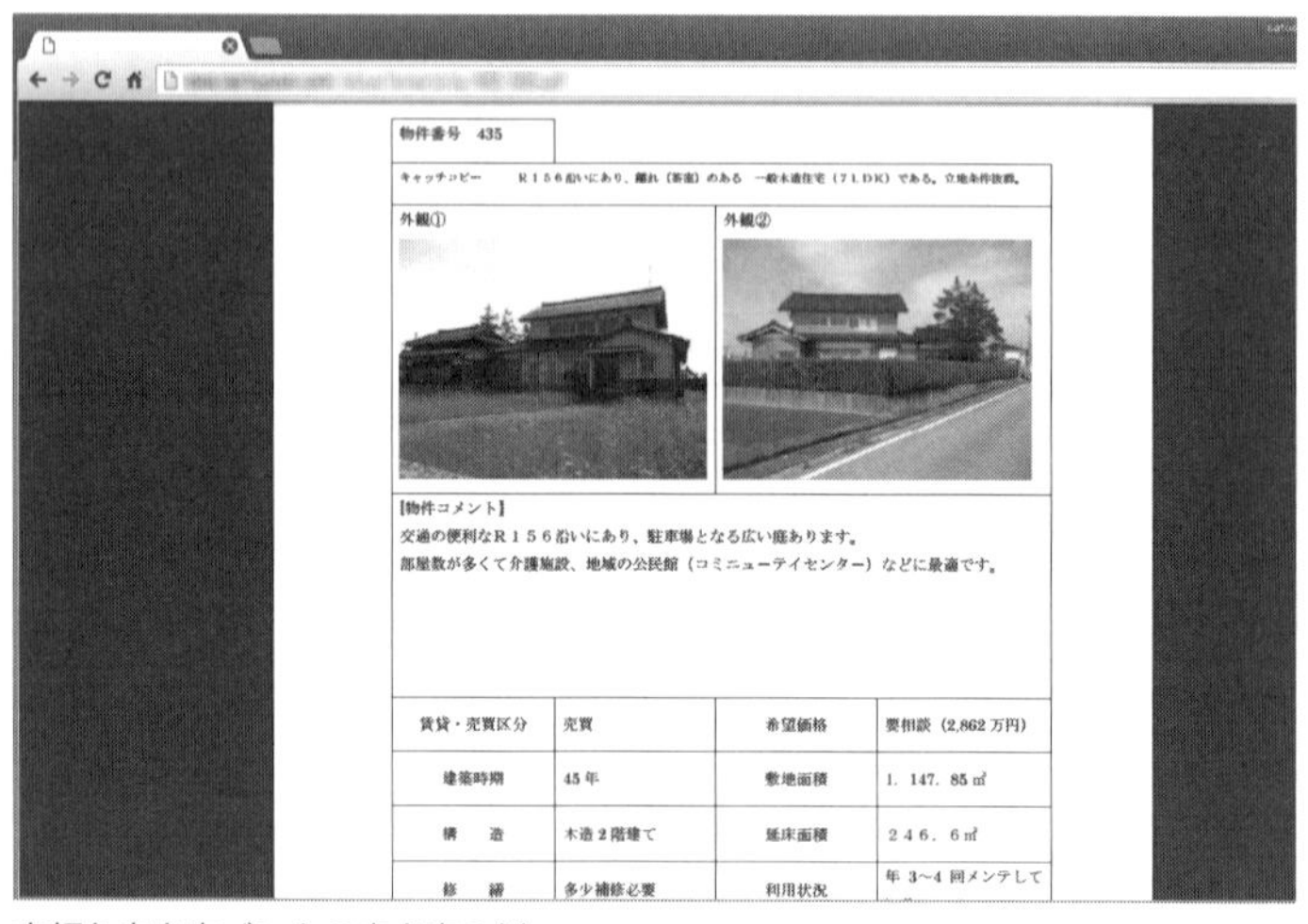

物件番号　435

キャッチコピー　Ｒ１５６沿いにあり、離れ（茶室）のある　一般木造住宅（７ＬＤＫ）である。立地条件抜群。

外観①　外観②

【物件コメント】
交通の便利なＲ１５６沿いにあり、駐車場となる広い庭あります。
部屋数が多くて介護施設、地域の公民館（コミニューテイセンター）などに最適です。

賃貸・売買区分	売買	希望価格	要相談（2,862万円）
建築時期	45年	敷地面積	1．147．85㎡
構　　造	木造２階建て	延床面積	２４６．６㎡
修　　繕	多少補修必要	利用状況	年 3〜4 回メンテして

高額な空き家バンクの空き家の例

そこで空き家を紹介してもらううち、ある空き家に目が留まりました。土地400坪、建物100坪、築100年の堂々とした風情、農作業小屋が2つもありました。聞くと地場の会社の社長さんの家、地元では有力者だったそうです。

写真を見て気に入ったAさんは、奥さんを連れてさっそく、空き家を見に行きました。見渡す限りの田園風景の中にあるたたずむ家は、想像以上に風情があり、どこかしら懐かしく、それでいてほっとする雰囲気がしてとても気に入りました。そしてさすがに建設会社の社長さんの家、使っている柱や梁は力強く、それでいて手に触れる場所は繊細な細工も施されています。価格は1500万円、ちょっと高くて無理かなと思いましたが、東京の中古住宅に比べれば安いもの、とりあえず話を聞くことにしました。

現地で再び顔を見せた市役所の担当者は「古民家に強い建築士」を紹介してくれました。聞くと、地元で古民家研究グループのリーダーをしているとのこと。彼曰く、「これは2000万円ほどの古民家的価値がありますよ」と。続けて不動産屋も言います「今は空き家対策でこういう古民家でも住宅ローンがつくんですよ」。

すっかりその気になったAさん、売主は近所の八百屋さん、20年ほど前に、建設会社の社長から購入して以来空き家にしていたそうです。ご縁だからと100万円マケて1400万円で良いとのこと。さっそく貯金400万円をはたき、1000万円ローンと合わせて購入することにしました。

②風呂無し、水なし、雨漏りあり

この家、風呂が使えませんでした。そこでAさんは先の建築士にお風呂の増築を依頼しました。3平米の増築で700万円。古民家の雰囲気を壊さないデザインにしてくれるとのことで依頼しました。空き家を買ってから点検すると、古い電線を全交換する必要がありました。漏電して火事になれば大変です。交換費用120万円。それ以外にトイレ、水回り、全部交換しました。リフォームに960万円、これで最低限の生活が可能でした。

ある雨の日、雨漏りしました。タライをひっくり返したような盛大な漏れ方です。建築士に聞くと、「もう50年は交換してないようだから、瓦の全交換に500万円かけたほうがいいですよ……」。

そんなお金もうありません。「なにかおかしい」と感じても、自分では何がおかしいかわかりません。そこで私たちに相談に来ました。

③空き家バンクを使った「購入者がババを引くカラクリ」

この家、競売物件でした。バブル景気の崩壊で、社長の家が差し押さえられたのです。その時の落札価格は推定400万円。日々、野菜のセリで商売感覚抜群の八百屋さんが落札したのです。その後しばらく放置していましたが、空き家バンクができるというので、試しに1500万円で掲載してみたのです。すると、首尾良くその値段で売れた。そういうことだったのです。限界集落で野菜を売ってももうかる時代ではありません。空き家を売り抜けもうけたお金で八百屋さんは店を閉め、さっそく自分の家を洋風の邸宅に大リフォームしたのです。

それだけではありません。不動産屋さんには予想を超える仲介手数料が入ります。今月のノルマ達成です。市役所の担当者も、始めたばかりの空き家バンクではじめての成約です。今月の市報に、市長のコメント付きでこの実績が掲載され、その市の10大ニュースの7位にランクインしました。当然、人事査定もプラスに働きます。

自称「古民家に強い建築士」は、お風呂の設計料、地元の工務店を紹介した紹介手数料が入りました。締めて150万円。さっそく、仕事の車を外国車に買い替えました。みんな、Aさんに表向き愛想を浮かべていても、自分のこと、お金のことしか考えていなかったのです。

その一方、Aさんは困りました。セカンドライフのために用意したはずのお金はスッカラカン、借金が残りました。その経緯は近所の人がみんな知っているせいか、近所の人もどこかしらAさんと話しづらいように感じられます。Aさんは、冬寒く、夏暑く、すき間風だらけ、近所との関係でなんとなく居づらいこの家に住み続けるしかありません。奥さんは「寒い」と言い残して東京に戻りました。本心は「こんな田舎暮らしに付き合えない」と愛想がつきています。Aさんは今日も、雨漏りの不安に怯えながら、意味もなく広くて暗い大きな家に一人、ひっそりと住み続けています。

空き家を「燃やす?」ダメダメさ

①空き家を燃やせばどうなるか?

これまでも説明したとおり、空き家を持つと手間もお金もかかります。しかし、手間をかければ愛情の一つでもわくとおもいきや、空き家には不思議と何の愛情もわきません。同じ手間がかかっても、この点はペットと全然違うのです。ペットは手間はかかるしお金もかかりますが、時折見せる「頼ってくる感」や、可愛い仕草がなんとも可愛いものです。日々成長して情もわくというものです。エサ代や獣医さんにお金をかける甲斐があるのです。

しかし空き家は過去の思い出の中に生きて、その時点で止まっているのです。止まっている、変わらない、物理の法則にしたがって少しずつ朽ち崩れていく以上、人間が空き家に働きかけても何も返ってこないのです。無駄です。

だんだん嫌になってきます。お金だけ吸い取られるこのブラックホールのような存在が疎ましくなってくるのです。すると、「いっそのこと燃やしてなくしてしまおうか?」そんなアイディアが不思議と頭をよぎるのです。

しかし、それは犯罪です。本書を読んで、二度とそんなこと思わないようにきっぱりあきらめてください。

まず、空き家でも他人の家を燃やすと「放火」です。親の家でも他人ですから放火です。放火は立派な刑法犯ですが、空き家の場合には刑法109条第1項「非現住建造物等放火罪」に該当します。懲役2年以上です。

そして、隣に延焼させてしまった場合には、刑法111条第1項「延焼罪」が成立します。これは3ヶ月以上10年以下の懲役刑です。複数の罪(放火と延焼の有期刑)が重なれば、重いほうの刑罰の最大5割増しの刑が課されるのです。

②自宅ならいいんじゃない？

そしたら、自分の家なら燃やしていいんじゃないか？　自分のものだし、何しようと所有者の勝手じゃないの？　と思うかもしれません。

相続してしまった空き家の中に、たくさんのもの（残置物）があって、足の踏み場もなくなる空き家によく出くわします。そんなときは、いっそのこと自分の家を燃やしてリセット。きれいにしてしまえばいいんじゃないか、と思ってしまいます。

しかしそれも犯罪。刑法109条第2項「自己所有非現住建造物等放火罪」に該当します。他人の家を燃やすよりは刑罰は軽いですが、それでも6ヶ月以上7年以下の懲役刑に処せられます。

ちなみに自分の空き家に火災保険をつけて火をつけた場合、それは財産目的で火をつけたことになるので、他人の家への放火と同じ量刑です。もちろん放火目的で火災保険をかけた場合には、当然火災保険は下りてきません。

そして延焼すれば「延焼罪」も成立、万一、家の中にいる人が死亡すれば、殺人罪になるのです。

それでもなんとか考えます。「そうだ、消防車を呼んで、消防車の前で火をつけたらいいんじゃないか？」と。きっと読者は、コイツは何を馬鹿なことを考えている、とお思いでしょう。しかし、空き家を抱えている人で、そう考えたことのある人は意外に多いのです。それだけ空き家は人を24時間、夢にまで出てきてあなたを悩ませるのです。

そこで、筆者の周りの消防署に電話して聞いてみました。「空き家に火をつけて片付けたいので、火をつける前に消防車に来てもらって見守ってもらえますか？」と。答えは予想どおり、どの消防署も「そんなことできません」でした。それはテレビの見過ぎ、引田天功ショーの見過ぎ、テレビの中のファンタジーと現実の区別がつかなくなってきた危ない兆候なのです。

しかし、空き家には広い庭があります。広い田んぼもあるかもしれません。もし家を解体して、梁や柱など田んぼの真ん中に廃材を集めて、それに火をつければ……と思うかも

しれませんが、それもダメです。今度は、火をつけてごみを処分することは、廃棄物処理法に違反する可能性があります。

③解体のコツ

結局空き家は、燃やすのではなく、解体業者さんに解体してもらう選択になります。解体業者さん曰く、パワーショベルのような重機があれば、解体は一瞬。まさに「瞬殺」だそうです。

忘れていました。空き家を解体すると、翌年から固定資産税の小規模宅地の特例、つまり第1章で説明した、土地固定資産税が6分の1になるというあの特例は使えません。空き家を壊した状態で更地として放置すれば、土地固定資産税が6倍に跳ね上がるのです。「どうせ見つからないだろう？」と思っているアナタ、そんなことは決してありません。市町村は毎年航空写真を撮影して、去年の画像と比較しているのです。しかも最近では、小さな市町村にもコンピューター画像処理システムが導入され自動化されているのです。去年と今年の写真を比べて違いがあれば赤くピカーンと光るのです。しかし、更地の固定資産税について安くできないかということは、本書で後述したいと思います。

それでも燃やしたい？　燃やすならチェーンソーで小さな薪に切って薪ストーブで燃やすくらいでしょうか。

空き家に火災保険をかけるダメダメさ

①空き家の火災保険は割増に

同じ星空のもと、遠くはなれた実家の空き家に思いを馳せ、「周りに迷惑をかけていないだろうか？　何かあったらどうしよう？」と考えるのは、人としてとても自然なことです。建物が周りに迷惑を及ぼすようになれば、建築基準法でも、空き家対策法でも、民法でも、必ず所有者が責任を負うことになります。もちろん、面倒だからといって、空き家にわざわざ火をつけて燃やすのは立派な犯罪であることはすでに説明しました。

そのせいか、空き家について多い質問の一つが「空き家の火災保険をどうしたら良いか？」です。いや、それ以前に火災保険について意外と知らない2つの事実があります。

・空き家の火災保険は、お願いしても保険会社から断られる
・引き受けてくれる場合でも保険料が割増になる

空き家のように毎日利用していない家、建物については、保険会社もあまり扱いたがらないということなのです。保険会社によって異なりますが、空き家の火災保険を引き受けてくれる場合でも保険料は通常の建物の2割から4割増しになります。ビジネスの世界では、空き家は「リスクが高い」とみられているのです。

②失火責任法についてシッテル？

しかし、それでは最初の質問に答えたことになりません。空き家にかけるべき火災保険についての正解は、ズバリ次のとおりです。

「空き家には、火災保険は不要である」

この意外な結論は、ほとんどの方は知りません。

さて、空き家に火災保険が不要な理由は何でしょう？ それは「失火責任法」という法律にあります。この法律、たいへん変わった法律で、まず法律の名前がありません。「失火責任法」というのは、みんなそう呼んでいる通称です。それから全部でたった1つの条文しかない法律です。法律名なし、第1条でおしまいという法律で、文語体で書いてあります。

「民法第七百九条ノ規定ハ失火ノ場合ニハ之ヲ適用セス但シ失火者ニ重大ナル過失アリタルトキハ此ノ限ニ在ラス」

訳：民法第709条の規定は、失火の場合には、適用しない。ただし、失火者に重大な過失があったときは、この限りでない。

で、民法709条というのはいわゆる不法行為の規定で、一言で言えば、「他人に損害を与えた場合には、その損害を賠償する」というものです。

それを、失火の場合には適用しない、失火で隣の家に延焼しても火元の家には責任がない、そう言っているのです。日本の家屋は紙と木でできていますから、昔から火事になれば燃え広がり大火になることがしばしばありました。そのことを踏まえ、「火事はお互い様、恨みっこなし」となったのです。

この「失火責任法」について知られていないことをいいことに「空き家だから火災も心配でしょうから、隣の家の賠償もできるようにウチで0千万円の火災保険を掛けておきましょう」と勧めてくる空き家管理業者もいますので要注意です。

もちろん、例外があります。故意に火をつけるのは放火ですし、失火者の重大な過失により隣の家が燃えたら、それは損害賠償することになります。

そうすると、「何が重大な過失なのか?」という疑問に当たります。最終的に裁判所が個別に判断しますが、一般的な傾向では「そりゃ誰が考えても火事になるだろう」と思うものが重過失に当たると考えていいでしょう。**図2-6**（次ページ）に例を掲載しました。

さて、空き家でそのようなことが起きるか？　といわれれば、普通「ノー」でしょう。空き家で起きそうな火災といえば、せいぜいネズミが電線をかじってショートして起きる火災くらいでしょう。ここまでで空き家に火災保険をかけることは意味がないとわかっていただけたと思いますが、万々々々が一、火事になって延焼した場合には、お隣に20万円程度のお見舞金を渡すことは常識として知っておいて損はありません。

図2-6
失火責任法の「重過失」の例

「重過失にあたる」＝「賠償責任あり」とされたもの
・ニクロム線の電熱器を布団に入れてこたつ代わりにした火災 ・わらを保管する倉庫でタバコを吸って吸い殻をわらに投げた火災 ・石油ストーブの近くにガソリンの入った瓶を置いて、いつのまにか倒れてしまった火災 ・石油ストーブの火を消さずに給油して灯油をこぼしてしまった火災 ・火鉢の炭火を起こすのにわざと消毒用アルコールをかけた火災

「重過失でない」＝「賠償責任なし」とされたもの
・煙突から飛んだ火の粉による火災 ・襖が石油ストーブに倒れて起きた火災 ・仏壇のろうそくが倒れた火災

火災保険とは、燃えた自分の家を再建築するためにかける保険です。どうしても空き家を再建築する必要があるような殊勝な例を除いて、空き家に火災保険をかける必要はないのです。

③正しい空き家の保管方法

まとめると、火災に対しては、重過失といわれない程度の空き家の管理は必要です。失火責任法についてはわかったとしても、外壁が隣の家に飛んでキズをつけたような場合、火災以外のことでは所有者に責任が降りかかってきますから、空き家を放置して、いいことは何もありません。そもそも他人に迷惑をかけないというのが日本人としての道徳で

住宅団地内の空き家

しょうし、空き家の価値を少しでも維持するために、あたり前のことですが、できることはしておいたほうが良いでしょう。

以上、火事を心配する場合には、最低限次のことをしておけば大丈夫ではないでしょうか。

- 電気のブレーカーを落とす。場合によっては電気メーターを外してもらう
- 水道の元栓は閉じる
- ガスは解約。プロパンガスは引き取ってもらう
- 灯油タンクは空にしておく
- 燃えやすいものは外に置かない

相続放棄で「空き家からサヨナラ〜」のダメダメさ

①「相続放棄」で空き家を捨てる?

いま、空き家の相続放棄が増えています。第1章の3「空き家発生のメカニズムを知る」で説明したように、空き家の発生のきっかけの多くは、「一人暮らしのお年寄りが死亡する」すなわち「相続が発生する」ところから始まります。一人暮らしのお年寄りがこの世から旅立てば、空き家が子どもたちに残されてしまうでしょう。空き家が残ると、固定資産税や維持管理で子どもたちが迷惑を被ることになるのです。

そこで、「相続放棄」です。どうしようもない空き家を、「相続放棄」してしまえば、空き家を持つ苦労から解放されるかもしれない、そんな期待が生まれるのです。

相続放棄とは、民法で定められているもので、相続人が遺産の相続を放棄してしまうことをいいます。たとえば亡くなった被相続人に多額の借金がある場合、相続人の子どもは相続放棄をして借金の苦しみから逃れられるのです。

もう、お気づきかもしれません。空き家はもはや「負」動産、「相続放棄」をしてしまえば、「所有せず、余計な苦労もしなくて済むのではないか?」と考えるのです。

ご存じの方も多いと思いますが、相続放棄をしてしまうと、最初から相続人でなかったことになり、財産も負債も、もちろん空き家も持つことはありません。「空き家はいらないけど預金は欲しい」といったワガママな人にもちゃんと対策があります。預金や株式のようなオイシイ財産は、生前に少しずつ贈与して、死亡時には空き家だけが残るようにしておいて、全員が相続放棄してしまう、そんな計画的な行動も容易に思いつくでしょう。

②その後に待つイバラの道

このようなウマイ話があるのか? 実は、あり得ます。しかしその途中には、イバラの道が待っているかもしれません。ちゃんと知っておかないと痛い目に遭うでしょう。

さて、相続人全員が相続放棄してしまった財産は、民法に従い国庫に帰属することになっています（※1）。したがって、相続放棄をしたら、以後、空き家の固定資産税を払うことはありません。これはいい話です。

しかし同時に、国庫に帰属するからといって、国の役人がやってきて、空き家を管理してくれることもありません。民法にはちゃんと別の条文（※2）があって、相続放棄した財産でも、その財産を管理する責任だけは残るようになっています。所有権はありませんが、管理責任は消えないのです。

というわけで、相続放棄をしてしまっても、管理責任を問われることはあるわけです。これは、うれしくない話です。

③「信じる者は救われる!?」最後のどんでん返し

話はそこで終わりません。今度はまたいい話です。その状態で何十年と経過した場合、放置され、崩れかかった空き家は、市町村長から「特定空家」に認定されてしまうでしょう。その後も所有者不在の空き家に対しては、さらに何年かの月日とさまざまな過程を経て、最終的には行政代執行という手続により、行政が強制的に解体してしまいます。

ここで問題にしたいのは、「解体費用は誰が負担するか?」です。家1軒の解体費用は、大ざっぱに100万円から200万円ほどかかります。最近は人手不足に加え、廃棄物の分別処理の徹底が求められていますので、解体費用も上昇傾向にあります。そしてその費用は、相続放棄をした相続人に請求されるのではないか? そう考えてもおかしくありません。民法でも「自己の財産に置けるのと同一の注意を持ってその財産の管理を継続しなければならない」と明記されているのですから、相続放棄した人が解体費用を負担するのがスジのようにも見えるのです。

そこで、筆者はいくつかの市町村の空き家担当課に質問してみました。「行政代執行による空き家解体の費用は、相続放棄した相続人に請求するのですか?」と。答えは、「今のところ税金で負担していて、相続放棄した人には請求していない」でした。あるケースでは、相続放棄された財産に、「相続管理人」を選任して、最終的に空き家を市町村の所有にしてしまうこともあります。この相続管理人の選任には、弁護士の費用やら、裁判所に選任してもらう手続費用やらで、数十万円から100万円超の費用が必要になります。この相続管理人の選任費用も税金でまかなわれています。その空き家はその後どうなるかというと、解体して地元の自治会の農業資材置場とか、憩いの広場とか、そんな使われ方をしているのです。

つまり、相続放棄してしまえば、固定資産税は払わずに済むし、最終的にはタダで解体してくれたり、タダで管理してくれる……こんなありがたい話になるのです。いや、なってしまっているのです。ただし、空き家のケースごとに異なりますし、市町村によっても考え方が異なるので、必ずこうなるとは言えないことに注意してきましょう。

話がややこしくなってしまったので、まとめてみましょう。相続放棄した空き家は、このような運命をたどるのです。

1 国庫の帰属になる（＝固定資産税の支払義務はなくなる）
2 一方、相続放棄しても、空き家の管理義務は免れない
3 そのうち、特定空家に認定され、行政代執行により建物が解体される
4 解体費は地元市町村が負担する
5 地元市町村により寂しく活用される（管理義務からも免れる）

つまり、相続放棄した空き家は、うまくいけばタダで、その市町村が税金で処理してくれる……ありがたいとはいえ、モラルとしては問題も感じられる結果となっているのです。

※1 民法959条　前条の規定（相続人を探してもいなかった場合の規定）により処分されなかった相続財産は、国庫に帰属する。
※2 民法940条　相続の放棄をした者は、その放棄によって相続人となった者が相続財産の管理を始めることができるまで、自己の財産におけるのと同一の注意をもって、その財産の管理を継続しなければならない。

第3章

ケチって維持する「空き家術」

「空き家歳時記」で敵を知る

①毎年の傾向を知る

第1章の第5項「放置するとこんなことになる」でも説明しましたが、空き家には、半年ごとに「何か」が起きます。ただ、何が起きるかはわかりません。小さなことかもしれませんし、大きなことかもしれません。ランダムに何かが起きて、運悪く大きなことにあたってしまえば、アナタを悩ませることになるのです。

そして、空き家も大地に建ち、風景の一部である以上、主のいない家は長い年月をかけて自然の一部に還っていくわけです。また、空き家に起きる出来事も季節によって一定の傾向があります。そこで、季節ごと、月ごとの傾向を**図3－1**にあらわしてみました。題して「空き家歳時記」。筆者の空き家管理の経験から作りました。もともと「歳時記」とは、

図3-1

空き家歳時記

1月	窓ガラスや、床下が結露する	6月	梅雨上がりに庭を見ると草木が繁茂している
2月	雪が屋根にたまり、雨漏りする	6月	梅雨でカビが生える
2月	雪と寒さで雨樋や屋根瓦が割れる	7月	湿度が上がった熱い空気が夜冷えて結露する
4月	ネコが発情して屋内に入ってくる	7月	木の柵が朽ちた
4月	イタチ、ハクビシンが入ってくる	8月	スズメバチが巣を作り出す
4月	固定資産税の納付書が送られて憂鬱になる	9月	落ち葉が庭に溜まってくる
5月	ツバメが巣を作り土間にフンが落ちる	9月	台風で外壁のトタンが飛ぶ
5月	雨上がりの後に草が腰丈まで伸びる	11月	草の勢いが衰えてくる
5月	春の嵐で外壁のトタンが飛ぶ	12月	草が枯れ、地面が顔を出してくる
6月	ヤモリが入ってきて糞をする	12月	冬の季節風で外壁のトタンが飛ぶ

四季折々の出来事や年中行事をまとめたもので、よく俳句の季語などに使われますが、それを空き家に応用したのです。

日本は南北に長く、温かいところ、寒いところ、場所により月単位のズレはあるかもしれません。台風が多く来るところ、雪がふらないところ、これを参考に「ウチの空き家歳時記」も作ることができるでしょう。

傾向を知れば対策も立てやすくなります。雑草なんて毎年生えてくる時期はわかっています。雑草は、雪が溶け、暖かくなると生え始め、梅雨のように温かい雨が降ると突如ぐんぐん成長し、秋口から冬になると枯れるサイクルがあります。空き家の雑草で大変になるのは梅雨~秋の間です。たとえば6月を過ぎて空き家の草刈りしても、2週間経てばまたすぐ伸びて元の木阿弥、7月にも、8月にも刈らないといけなくなってしまいます。盛夏の雑草は勢いもよく元気ですから、除草剤もなかなか効いてくれません。しかし逆に、成長しようとする前、春先のゴールデンウィーク前に長期間効果のある除草剤を撒いてしまえば、作業も楽に終わりますし、その年は雑草がほとんど生えてこないわけで、超ラクチンに対処することができるのです。

図3-2 空き家の一生

3日	かび臭くなる	10年	設備（温水器、水道）が壊れる
5日	中に入るとムッとする	15年	外壁（サイディング）がダメになる
1年	庭に草が生え放題	30年	外壁（金属）が錆びて穴が開き始める
2年	草が密生してくる	35年	瓦屋根がずれて雨が入り始める
3年	動物が侵入してくる	35年	特定空家に認定され固定資産税が6倍になる
5年	草が家の中にまで入り込む	40年	床が抜けて穴があく
5年	いつの間にか外壁が飛んでいた	40年	柱、梁が落ちる
7年	天井にコウモリの巣ができて糞だらけになった	70年	自然に還る

②空き家のライフサイクルを知る

そして、相手の空き家は、自然に朽ちていきます。壊れていく、崩れていく順番も知っておけば、うまく要領よく戦えます。「敵を知り己を知れば百戦危うからず」。あらかじめ知っていれば要領よく対処できるのです。

さて、空き家の変化はたった3日で現れます。空き家でなくても旅行でしばらく家を開けて帰ってきた時に「何か臭う」「肌に触れる空気の感触が違う」。そう思うことはありませんか？　その主な理由は、湿気と化学物質で空気がよどんでたまるからです。そこから始まる空き家のライフサイクルは、**図3-2**に記しました。先ほどが「空き家歳時記」

なら、こちらは「空き家の一生」です。

もちろん、これも気候や環境も違うでしょうから一概には言えませんが、木造住宅の場合には、早かれ遅かれおよそこの順番で朽ちていく、自然に還っていくのです。

よどんだ空気の次のポイントは、先ほどの「雑草」です。春先に除草剤を撒くことで簡単に防ぐことができます。

その次のポイントは「侵入者」。3年から5年ほどで小さなすき間や割れたガラスなどから植物・動物が入ってきます。悪いことにこれらは水分を連れてきます。植物は茎や葉から、動物は糞尿から。そうなると、第1章でも書いたように家の傷みは数100倍加速していきます。とくに糞尿は多量の微生物を連れてきます。最初は小さな穴でも長い年月では少しずつ大きくなり、雨風が入るとさらに傷みが早くなります。水分が家の木材に悪影響を与えていくのです。

③待てば待つほど問題が大きくなる

長い坂道の団地は老人には苦行

空き家を持っていると、大いなる自然と闘うだけでなく、社会情勢の変化とも闘うことになります。空き家はドンドン「無価値」へと突っ走っていくのです。

中古不動産の価格はドンドン安くなり、最後には、建物取壊費用というマイナス価値が土地の価値分をむしばんでいくのです。

それだけではありません。土地の価値自体も変化していくのです。

その昔、昭和40年前後、家は年収の10倍出さないと買えないといわれ「庭付き一戸建てマイホーム」が夢だった時代がありました。その中でも「高台の見晴らしの良い南向きの丘の上」が最高でした。景色も良く、日当たりの良い家で、たまの休みをゆったり過ごす……平日は家族を犠牲にし、仕事に打ち込んだ成功者だけが許されたぜいたくだったのです。不動産開発会社も、そういった南向きの傾斜地を探し、競って住宅団地にしました。

それから50年。今どうでしょう？　最寄り駅からのバス便ははっきり言って不便です。高台へ分岐する長い上り坂は、年をとった住民にとって、苦行でしかありません。でも、登らないと家にたどり着けないのです。自転車を押して歩くなど体力がありません。充電式のセニアカーも上り坂ではパワー不足。その昔、駅周辺の低地を「下界」と見下しバカにしていたバチが当たったのか、今、下界から自分の家の方向を見上げ己の無力さを感じるのです。当然、資産価値など期待できるはずがありません。時代も変化して下界の駅近マンションでないと売れない時代になったのです。

カンタン・カイケツ・空き家管理術(1)

①とにかく早期発見・早期修復

空き家は収益を生まない財産です。収益を生まない以上、コストを掛けたくない、そう思うはずです。ネットで「空き家管理業者　○○県」と検索すればたくさんヒットしますが、次のような問題があります。

- **費用が高い**
- **年2~3回程度しか巡回しない**
- **ホームページが作りっぱなし、「やってる感」がない**

そして、同じ管理でもアパート管理とは大きく異なります。アパートは家賃収入を生みますから、その収入から管理費用を支払っても、何も痛くないのです。そして、定期的に巡回してくれて、費用は実質的に賃料から差し引かれ、アパート管理業は産業として確立しています。一方で、空き家管理業についてはまだ黎明期です。

そこで、多くの場合、自分で空き家管理をせざるを得ないのですが、まずポイントはこの3つです。

「早期発見・早期解決」「隣の人を情報源に」「水と湿気に注意」

最初については、ここまで読んでおわかりのとおりです。空き家は半年ごとに何かが起きます。とにかく早く見つけて、問題が小さいうちに解決することです。小さな問題のうち解決できれば、結局安上がりです。とは言え、今日明日でなんとか……という危急のことはまずありません。相手は過去のある時で時間が止まった空き家ですし、見に行けるのもせいぜい年1~2回であるのと同様に、解決も数ヶ月単位の長い目で考えることができます。

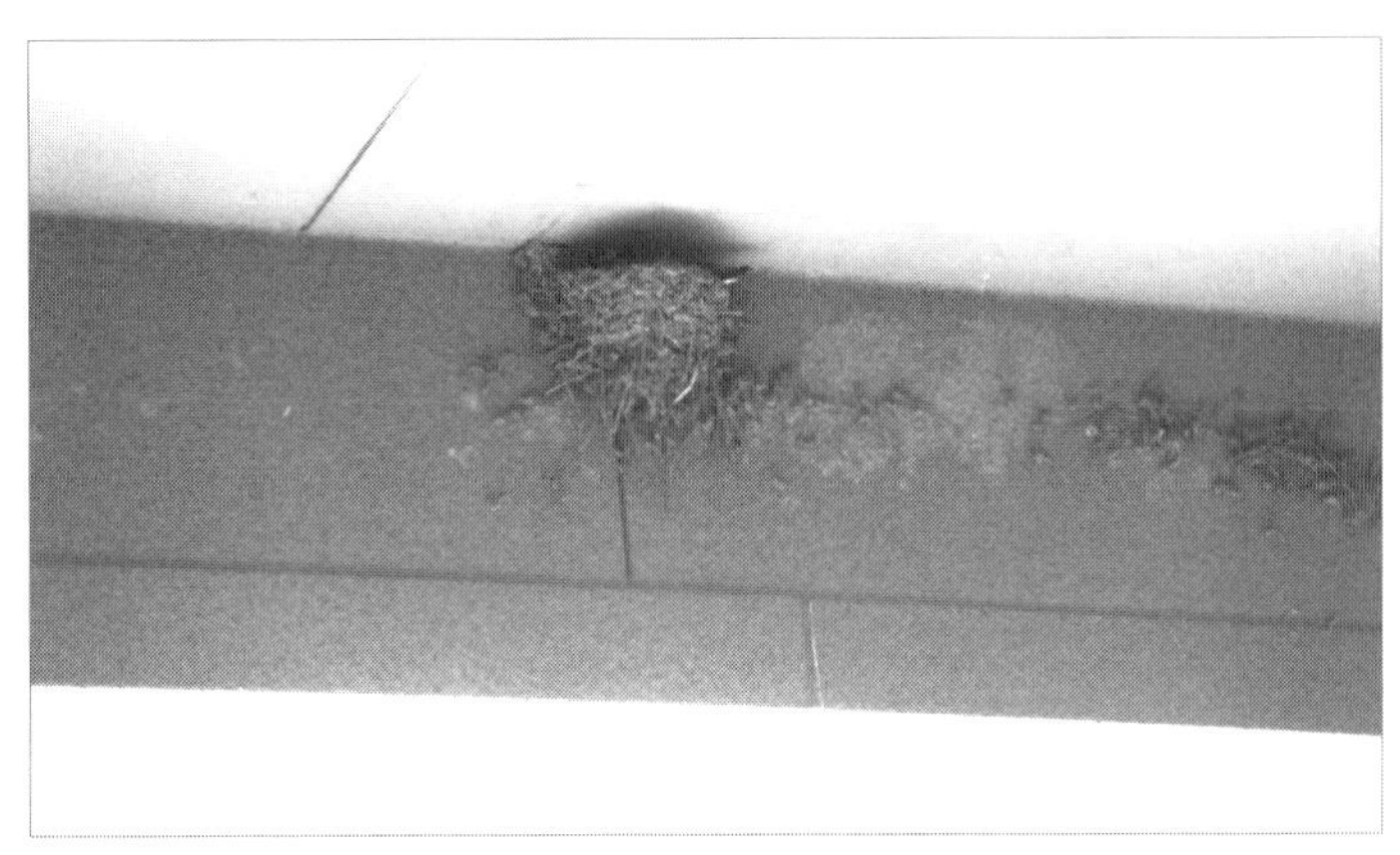

空き家にできたツバメの巣の写真

2番目については、隣の人に挨拶して仲良くするとともに、連絡先を伝えておきましょう。仲良くしておけば、外壁のトタンが飛んだ、瓦が落ちたといったことは、お願いしなくても向こうから教えてくれるはずです。それは、早期発見につながります。時には頼んでもないことをしてくれるかもしれませんが、それでも、お礼の気持ちは大切です。空き家を見に来たついでに、今風のおしゃれで美味しい東京のお菓子でも持っていけば、すごく喜んでくれます。

3番目についてもすごく重要です。前項でも説明しましたが、空き家の劣化は水を呼び込むことから始まります。水が細菌（カビなど）を呼び、細菌が虫を呼び、虫が動物を呼

ツバメの巣が土間コンクリートを汚している様子

ぶことで、大きな家も倒れていきます。水は上から降る雨以外にも結露と土から上がる湿気があることにも要注意です。

②結露と地面の湿気の対処方法

結露とは、暖かい空気が冷やされ、水滴が発生する現象です。夏のコップの水や冬の電車の窓ガラスなどに見られます。これがカビの原因となりますので、対処することが必要です。

空き家の場合、地面は冷たく、その地面から湿気が上がりますので、結露の発生を完全に避けることはできません。しかし意外と知られていませんが、空気が動くと結露しにくい性質があります。押入れの奥、タンスの奥が結露しやすいのは、空気が動かない場所だからです。そのことを踏まえ、空き家に次のことを試してみてください。

1　部屋の物はすべて撤去する
2　ふすま・戸はすべて開けるか撤去する
3　畳はすべて上げて立てかける
4　扇風機で中の空気をかき回す

では「1　部屋の物はすべて撤去する」から、空き家の場合、部屋のモノはなるべく早いうちに撤去してください。そう言うとよく燃えるゴミ袋を100枚ぐらい買ってきて「さあ片付けるぞ」と片付け始める人がいますが、無意味です。空き家にあるもののうち、燃えるゴミはほんのわずか、ほとんどは粗大ごみと燃えないごみですから、業者を呼んで全部持って行ってもらうのが最も効率的です。思い出の品があるかもしれませんが、早いうちに心の整理をつけてすべて処分するのが正解です。その理由は次のとおりです。

第1に結露を防ぐ空気の通り道ができること、空気が動き、淀む場所がなくなると、結露を抑えられます。

荷物を部屋の真ん中に集めて風通しを良くした空き家の例

第2に、泥棒よけになります。わたしたちも空き家管理を行っていると、窓ガラスが割られていたり、ガスバーナーであぶられているなどの場面に出くわすことがあります。ひどい例では、もう3回ほど泥棒に入られた、なんていう笑えない話もあります。

第3に、それぞれの空き家にある「念」を小さくすること。「念」というのは家の中に染み付いた思いというか、決して科学的ではありませんが、その家の中に流れている空気感、「気」といった感じのものです。「怨念」という言葉はご存知だと思いますが、そんなに極端ではなくても、空き家にはそれぞれの家族の長い歴史があるので、他人が入ると何か違う雰囲気を感じることが多くあります。感じ方は人それぞれで、全く感じない人もいます。筆者は信心深いほうではありませんが、空き家に入ると、その空き家ごとの空気感のようなものは感じます。「柱の傷はおととしの～♪」という歌もありますが、その歴史が目に見えない「念」として、その家の特徴となり、これが悪く作用すると売る、貸すというときに障害になります。家具や生活道具がなくなれば、それだけさっぱりと落ち着いた感じになります。

少し脱線しましたが、次の項に続きを記したいと思います。

カンタン・カイケツ・空き家管理術（2）

①結露と地面の湿気の対処方法（続き）

前項に引き続いて、湿気の話です。

「1　部屋の物はすべて撤去する」についてはすでに説明しましたので、「2　ふすま・戸はすべて開けるか撤去する」以降について説明します。

2　ふすま・戸はすべて開けるか撤去する
3　畳はすべて上げて立てかける
4　扇風機で中の空気をかき回す

「2」ですが、当然ふすま、戸の類はすべて開放します。押入れは結露対策上、とくに重要ですから地袋、天袋含めて、ふすまは全部取り外すくらいがより効果的です。もちろん、押入れの中はできるだけ空にして部屋の真ん中に集めるのは先に述べたとおりです。

「3」ですが、畳はすべて上げて、部屋の真ん中にでも立てかけておきます。とくに1階の畳はカビやすいので、必ずそうしてください。床下に溜まる湿気を緩やかに逃がす効果もあります。

最後に「4」ですが、結露は空気の動きのないところ、淀みにできます。試しに結露した窓ガラスに扇風機の風を当てるとあら不思議、あっという間に結露がなくなります。空気の動きは大切です。「1」から「3」で空気の通り道を最大限確保しましたから、ここでダメ押し、扇風機をおいて空気をかき回すと、結露防止にとても効果的です。設定は弱で結構です。人間が感じない風量でも、空気が動けば結露を防ぎます。扇風機でなくてもカーテンを開けて日光を取り込んで温度差を作り、家の中に空気の対流を作るだけでも全然違います。電気代が気になればタイムスイッチで夜だけかき回すとか、最近は消費電力が小さなＤＣモーターの扇風機やサーキュレーターが売られているので、電気代を心配しなくてよくなりました。

②手強い床下の湿気もこれでカイケツ

部屋の湿気をケアしたら、床下にも注意を払いましょう。地面からは湯気のように湿気が上がってきますし、地面で冷やされた重く湿った空気はいつまでもそこに居続けて結露の原因となり、カビが生え、シロアリを呼び寄せてしまいます。もし可能なら、次のことを検討してください。

1 床下が土なら、防湿シートと土間コンクリートで土を隠してしまう
2 床下換気装置を導入する

「1」の方法はお金がかかるのが難点ですが、地面からの湿気はかなり防ぐことができます。ただし、地面は冷たいままですから、冷たく湿った重い空気を処理することが必要になります。

「2」の方法は、次善の策で床下の湿った空気を排出し、昼間の乾燥した暖かい空気を導入することで湿気の軽減につながります。床下換気装置は、気温が高く湿度の低い昼間だけ動かすのがポイントです。「1」と「2」の両方を施すとさらに効果的です。

ちなみに筆者は「1」を行った上で、写真のように換気口を全部密閉して除湿機2台床下に入れ、連続運転で強制的に湿気を追い出すという対策を行っています。

③空き家の支払い節約術

空き家には、人が住んでいなくても、さまざまな支払いの通知が舞い込みます。ざっと思いつくだけでこんなにあります（次ページ**図3-3**）。

空き家を長く維持するには、不要な支払いと必要な支払いを区別することが必要です。まず、次のポイントで分類しましょう

図3-3

さまざまな支払いの通知

1	水道代、ガス代、ＮＨＫ受信料、ケーブルテレビ視聴料
2	電気代、電話代
3	自治会費、土地改良区負担金（非農家の場合）
4	固定資産税、土地改良区負担金（農家の場合）、土地区画整理事業賦課金
5	マンション管理費、修繕積立金

分類方法

・契約に基づき支払うもの（1、2）
・任意のもの（3）
・法律に基づき支払義務のあるもの（4、5）

「1」、「2」の「契約に基づき支払うもの」は、契約を終了してしまえば支払う必要はなくなります。「1」は何の問題もなく契約終了できますが、「2」については、空き家の維持に必要になる場合があります。電気が利用できれば湿気の排除に便利な場合がありますし、インターネット回線を生かしておけば、防犯カメラを遠隔から見ることもできます。その場合、契約アンペアを小さく変更して、インターネット契約もあえてＡＤＳＬにするなど内容を見直します（次ページ**図３ー４**）。

「3」の「任意のもの」は即刻支払停止すべきです。戦後の民法では、自治会、町内会は任意団体とされ、任意団体はいつでも退会で

図3-4

60A 契約から 10A 契約変更すれば基本料金は 1/6 になる

従量電灯 B

契約種別			単位	平成28年6月1日から適用になる料金（税込）
B	基本料金	10A	1契約	280円80銭
		15A	〃	421円20銭
		20A	〃	561円60銭
		30A	〃	842円40銭
		40A	〃	1,123円20銭
		50A	〃	1,404円00銭
		60A	〃	1,684円80銭

東京従量電灯 B 基本料金表

きると明記されています。地域によってはこの自治会関連で年間4万円程度の負担になるところがあります。退会を申し出ると、しつこくいろいろ言ってくる自治会関係者がいますが、「自治会は任意団体です。入会も退会もいつでも自由です。村八分は違法行為ですよ」と、ピシャリと言ってやりましょう。

「4」、「5」の費用は、法律に基づき支払義務のあるものです。たとえば、マンションの管理組合費は「建物の区分所有等に関する法律」で支払義務があると明記されています。支払いを怠ると、売却時に不都合が生じることがあります。これは、一戸建ての自治会費が任意の支払いであるのとは対照的で，法律で問答無用でそうなっているので気をつけましょう。固定資産税については、次の項でくわしく説明します。

これをまとめると、次のようになります。

1、2、3…支払停止可能
4、5　…支払停止不可能
2　　…契約を見直しつつ継続したほうが維持管理上よいこともある

4 固定資産税の節約術

①地目変更で税金が安くなる?

第1章の第5項で触れたように、空き家の維持費用のうち、固定資産税の占める割合は20%から50%程度になります。しかも、空家特措法の「特定空家」に認定されれば、土地固定資産税が最大6倍になるのです。これをなんとかしたいと思う方がホントに多い。

しかし、土地・建物に課せられる固定資産税は市町村の税収の4割を占める大切な税金。総務大臣が定めた固定資産税評価基準に基づいて市町村が課しますから、不動産を持つ限り、いや、日本では不動産の所有権を放棄する方法がない以上、固定資産税から逃れることはできないのです。

図3-5　地目変更のイメージ

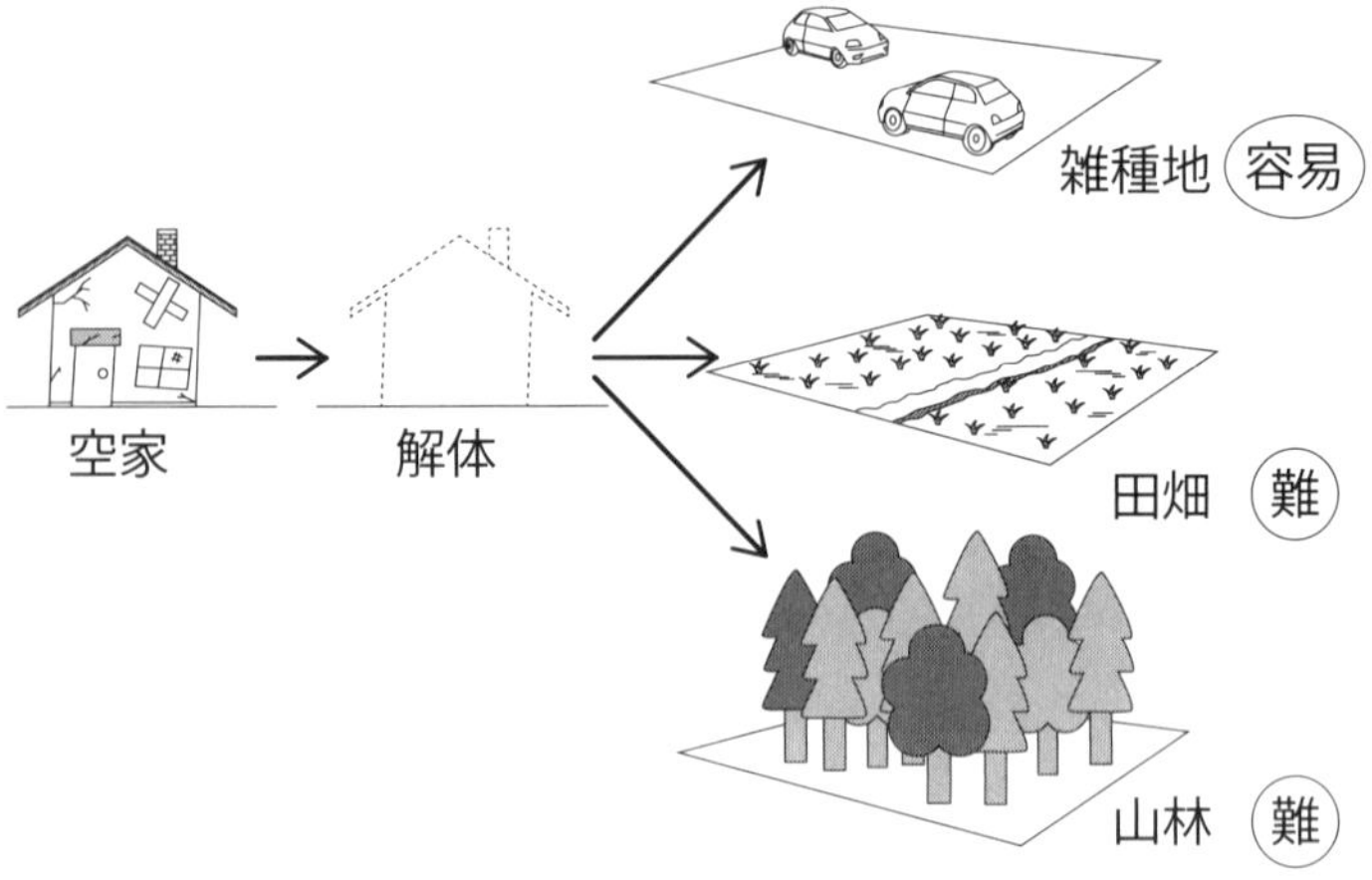

空家
解体
雑種地 容易
田畑 難
山林 難

とは言えなんとかしたいのが人情ですから、もちろん合法的な範囲で節約できる方法を考えてみましょう。

まず、地目変更を検討しましょう。固定資産税の計算のもととなる評価額は、宅地>雑種地>田>畑>原野>山林の順で安くなります（**図3-5**）。同じ土地でも、たとえば宅地から雑種地に変更することができれば、評価額が4割から8割下がり、これが田なら8割から9割、山林だと9割以上の評価減になるのです。評価額が下がれば、それに比例して税金も安くなるのです。

地目変更は、地目変更登記申請を行いますが、できるかどうかは、法務局の登記官という人が実際に現地に見に行って判断します。

この地目変更は簡単にできるものと、そうは簡単にいかないものもあります。

まず、宅地から雑種地への変更は比較的容易です。雑種地とは資材置場、駐車場、太陽光発電所のようなものをいいますので、建物を撤去して、これらの用途に転換した上で地目変更登記申請を行い、認められればOKです。地目変更の情報は、市町村に自動的に伝わりますので、市町村役場に行く必要はありません。これで税額が宅地に比べ4割から8割下がるので、「特定空家」に認定されそうな場合には検討の余地はあります。

しかし、田、畑、山林への地目変更は困難です。水を引いて米を作れば田、野菜を植えれば畑、木を植えれば山林になるだろうと思うかもしれませんが、継続的にこれらの用途で土地を利用する必要があります。最終的には登記官の判断ですが、一説には20年継続する必要があるといわれます。

そして、田、畑に地目変更したら最後、農地法という厳しい法律が適用され、逆に農地を宅地に戻すには、原則として知事の許可が必要になります。これが相当に高いハードルですので、安易に田、畑に地目変更することはオススメできません。確かに固定資産税は

宅地から地目変更した例。税金は免税点未満となった

劇的に下がりますが、毎年耕作する手間が発生しますので、その点でもオススメできません。

②免税点を利用すればタダに？

一般に税金も徴収するのに手間がかかります。税額より徴収の費用が大きければ、税金を徴収する意味がありません。この金額を「免税点」といいます。固定資産税の免税点は、課税標準（評価額）で次のとおりになります。

- 土地　30万円未満
- 建物　20万円未満

たとえば１００万円の土地も４人で共有す

れば1人25万円、免税点未満ですから固定資産税はかかりません。頭のいいやり方です。ただし欠点もあって、売却するときに共有者の意思が統一できないと一体の土地として売却できませんし、ハンコも4人分必要ですので、ちょっと面倒です。また、分筆する時にも数万円から十数万円ほどの費用がかかるのも欠点です。

③その他の固定資産税を節約できそうな方法

ここでは2つ紹介したいと思います。建物の壁を撤去する方法と、限定承認・相続放棄です。

まず前者を説明する前に、固定資産税の「建物の定義」を知っておきましょう。実は、固定資産税の課税対象となる建物には、「外気遮断性」が必要とされています。建物の内と外を壁で分け隔てる必要があるのです。

したがって、もし、壁を取り払って柱と屋根と基礎だけの建物にしてしまえば、固定資産税の建物に該当しないわけですから、固定資産税がかからないわけです。車庫など、吹きさらしの建物で構わない場合には、安全性に注意して壁を取り払った上で市町村に相談

固定資産税のかかるガレージとかからないガレージ

に行って認めてもらえれば、その分の固定資産税がかからなくなるわけです。

後者は、相続の際に使うことができます。第２章でも述べましたが実家に住んでいる親が死亡した場合、相続財産を調べて、借金が残ってしまう場合や、相続財産のほとんどが空き家である場合に、限定承認・相続放棄してしまえば、その家は自分のものになることはありません。空き家を相続しなければ固定資産税はかかりませんし、相続人が誰もいない財産は、民法で国庫に帰属することと決められているので、結局、固定資産税がかからなくなるわけです。

限定承認と相続放棄の違いについては、限

定承認は、相続人全員が一致して行わなければならない一方、相続放棄は自分一人の判断で行うことができます。

注意点は、限定承認や相続放棄をした場合、確かに固定資産税がかからなくなりますが、建物の管理する責任は引き続き残ります。そして、相続放棄したはずの建物をそのまま使っている場合、バレてしまえばあとあと面倒ですので、細かいところは弁護士・税理士などの専門家に確かめながら行うことが必要です。さらに、認知症になった場合には、空き家の悩みは同じように発生しますが、死んでないので相続放棄も限定承認もできません。そんな場合には「認知症になったら家を売る」旨を明示して信託する方法があります。

5

コストゼロ！　雑草と闘う節約術

①雑草の対処方法あれこれ

空き家の管理をしていると、「どうしたらいいか？」と頻繁に相談が来るのが「庭の雑草」です。筆者の地方では、春になると雑草が生え始め、梅雨になると雨が降るごとに「グン」と伸びて、夏の太陽をいっぱい浴びてさらに密生し、秋になるとタネが飛んでまた増える……そんな繰り返しです。12月になれば全部枯れてしまいますが、放置すれば翌年はさらに密度を増して繁茂して、木の枝ほどの太さの草や、人の背丈以上の草が生えたりして、庭に分け入ることさえ困難になってしまう厄介者です。

そんな雑草と闘うにはいくつかの方法があります。

(a) 草刈り機で刈る
(b) 除草剤をまく
(c) 別の植物（グランドカバー）を植える
(d) 防草シートを敷き詰める
(e) 塩をまく

しかし、一つを除いては、終わりのない戦いが続くのです。まず、ダメなほうから見てみましょう。

「(a)草刈り機で刈る」は最も賢くない方法です。「ダメダメな空き家術」に入れておきたいくらいです。まず、費用も労力もかかります。費用は、一人1日働いてもらって1万円の勘定でいくと、それが複数人で来てもらって、年に2、3回刈ってもらうと、すぐ10万円単位の出費になります。庭木の剪定まで含めれば、その2倍かかることも珍しくありません。次に、刈って2週間もすれば元の木阿弥、膝丈くらいにすぐ雑草が伸びてきます。相手は雑草、人間のように疲れるとか、時間を取られるなんて感情はありませんから、根比べでは必ず人間が負けてしまいます。

「(b)除草剤をまく」もうれしくない方法です。まず、除草剤は値段が高い。ペットボトルくらいの除草剤で2～3000円はします。次に、枯れた姿が恐い。生きた形のまま茶色く変色して死んでしまった雑草は、オカルト映画彷彿です。特に液体タイプは即効性がある分、枯れた姿も恐ろしくなります。そして、効果が長続きしない。もともと除草剤は農業の効率化のために生まれた商品ですから、除草剤を散布した翌年には作物を植えられるように、数週間～数ヶ月経てば分解して効果が消えてしまうように作られています。

そんな除草剤でも使い方を工夫すれば、まあ役に立ちます。まず使う時期。それは春、まだ雑草が小さいときに使うと効果が高く、長続きします。ほとんどの人は夏の時期、草丈が伸びてからあわてて使う傾向にありますが、夏の密生した雑草、野太い雑草は元気すぎて除草剤の効果もあまり期待できません。散布するのも一苦労です。除草剤は、春の時期、雑草もまばらで小さいうちに使うことを心がけましょう。

「(c)グランドカバーを植える」というのは、ちょっと大変です。これは、「目には目を、歯には歯を」のように、あらかじめ別の植物を生やしておけば、雑草が生えにくくなる性質を利用しています。クローバーやクラピアという植物が多く使われ、タネから買えば安く上がります。しかし、ここは空き家。そうそう頻繁に訪れるところではありません。ちゃんと管理しないと、せっかく植えても雑草の繁殖力に負かされてしまったり、思うような場所に生えてくれないとか、間違ってハーブや竹を植えたら最後、雑草はなくなったとしても、今度はグランドカバーが制御不能に繁殖して後悔することもあります。

「(d)防草シート」もなかなか難しいものです。まず、敷き詰めるのに結構な費用と労力がかかります。次に、防草シートは敷いた後、最初の1〜2年は効果を発揮すると思いますが、そのうちシートの上にも砂埃や土埃が降り積もり、そこに雑草のタネが舞い降りると、そこからまた雑草が生える、なんてことになります。これも長期的に見れば元の木阿弥、なかなか思うようにいきません。

②コストゼロ、効果抜群、副作用満載　究極の雑草対策はこれだ！

そこで「(e)塩」の登場です。驚くなかれ、塩をまくと雑草は数日で枯れてしまいます。そして除草剤と違って、分解されないので効果が持続します。さらに低コスト。漬け物用、業務用の塩なんて25キロで1000円前後、その辺のスーパーで手軽に手に入りますし、海辺に行って塩水を汲んでくればタダで無尽蔵に入手できます。これが究極の雑草対策です。どうして塩が雑草を枯らすかって？　海辺を見てください。砂浜に草は全然生えていないでしょ。それからニュースで「塩害で稲作に大被害」なんて聞いたこともあるかもしれません。時に人間にも有害で、推理小説で殺人事件のからくりが塩化ナトリウム（＝塩水）の注射だったというのもあるでしょう。とにかく、塩をまくと雑草は瞬く間に枯れて、二度と生えてこなくなります。

しかし副作用も知っておきましょう。二度と生えてこなくなるということは、将来空き家を活用しようと、庭造りに庭木を植えても全く育たないとことになります。それから、コンクリートや水道管の劣化を早めてしまいます。さらに、雨が降って隣の敷地に流れてしまうと、隣の住人から怒られるかもしれませんし、隣が農地だったら取り返しがつかないことになってしまいます。タダで入手、効果抜群ですが、副作用満載ですので使う場所、使いすぎには十分注意しましょう。

ちなみに筆者はどうしているかというと、場所により、防草シート、顆粒タイプの除草剤、たまに塩を組み合わせて使っています。

第4章

売っちゃえ！「空き家術」

売却は空き家すごろく唯一の「上がり」

①売れるときに売却が吉

空き家を所有することになったら「時間」との勝負です。第3章の「空き家歳時記」で述べたように空き家には半年ごとに「何か」が起きます。放っておけば、1年後にまた同じことがどんどん蓄積されていき、近所から苦情が出るか、瓦が飛んでぶつかれば損害賠償を請求されるか、そのうち家自体が倒れていきます。放っておいても絶対に良い方向に向かうことはありません。

家の価値下落も問題です。第2章の第1項で説明したとおり、建物の評価も下がる、木造で20年経てば0円、その後、建物の状態によっては取り壊し費用をマイナスしなければいけません。土地の価格だって、上がるのは大きな駅の近くにあるごく一部の土地、その他大勢は

売り出し中の空き家の例

大ざっぱに言えば横ばい、空き家が増えるような環境では地価も下落する一方です。その昔の日本では、地価は上がるのがあたり前、土地さえ持っていれば、何もしなくても資産価値が増えるという「土地神話」なんて言葉があったとは、本当に遠い昔のこととなってしまいました。

そして空き家を所有している限り、維持費がかかってきます。そのうち何年後かには屋根の葺(ふ)き替え、外壁の交換で数百万円飛んでいってしまいます。いくら自分の実家だからといえ、とんだ疫病神を背負ったもんだと、つい恨みたくもなります。

あせる必要はありませんが、使わない空き家を売らない理由なんてありません。逆に、売ってしまえば空き家問題は「最終的かつ不可逆的」に解決しちゃいます。空き家を売って姿を変えた現金は、維持費がかかることも、減ることもありませんし、管理不要でいざというときすぐに使える資産になるのです。その意味で空き家の売却は空き家すごろくの唯一の「上がり」なのです。

②仏壇の「魂抜き」のウソ

さて、空き家を売らない、貸さない理由の一つに、「仏壇があるから」というのがあります。仏壇をどのようにすれば良いのか、一般人にはわからないので持て余してしまうのです。動かしたり壊したりすればバチが当たるのではないか？　と考えがちです。

そしてインターネットを調べると、仏壇を動かしたり、中の掛け軸や影像を動かそうとする際には、一般的に、お寺のお坊さんに来てもらって「魂抜き」という儀式を行うとされています。しかし、筆者が浄土真宗のお寺のお坊さんに聞いたところ、「仏壇には魂はない。仏壇はただの入れ物であって、魂がいる場所ではない。したがって魂抜きなど不要である」とのことでした。「大事なのは仏壇の中にある、掛け軸や影像、位牌であって、それらを動かすときでもお経をあげるなどの儀式は特に必要なく、動かすときは丁寧に大切に扱って動かすなり保管すればそれでよい」ということなのです。

しかし一般的には「魂抜き」という言葉が広まってしまっています。想像するに「魂抜き」というのはバレンタインのチョコレートのように、きっとお経をたくさんあげて売上げもあげたい人が創作し、一般人が何の疑いもなく信じてしまった風習かもしれません。少なくとも浄土真宗では。

取材したお坊さんは、仏壇の魂抜きの依頼があれば、良心的にそのように説明しているとのことでしたが、どうしてもと依頼されることもあり、お経を読めばその人の気持ちの整理がつくならと、「仏壇仕舞い」という名目で5000円ほどで読経を受けているそうです。しかし世の中では、抜くべき魂なんてそもそもない上に、「抜いた魂を入れて運ぶためと称した、さもそれらしい容器」を高額で売りつけることもあるそうです※。

③住宅は安くすれば必ず売れる

筆者は、「100円不動産」というサイトを運営して、そこでは「100円、1円でも良いので、なんとか生きているうちに空き家を売ってほしい」いう人の空き家を取材してホームページで公開しています。そこでの経験含めて考えると、どんな田舎でも住宅は安くすれば必ず買い手が現れます。これは断言できます。

ただ、安くすると売る方法がなくなるのが問題です。第2章でも書きましたが、不動産仲介報酬は、売買価格に比例しますので、地価の低い田舎の不動産屋さんでも反応はこんな感じです（次ページ**図4－1**）。

不動産屋さんが仲介してくれなければ、直接売買しかありません。実際、不動産屋さんもないような田舎では、不動産を当事者同士で直接売買している話をちらほら聞きます。「売りたい」という近所の噂話を聞きつけて、やはり近所の人が購入するのです。売主も買主も知った顔、場所もよく知っていますから、「使ってくれるなら」と取引成立です。知った間柄同士なら、売買金額も数十万円といった破格とも思える水準のこともあります。

もし、このような格安物件の売買市場が全国的に整備されれば、空き家問題の劇的な解決につながるかもしれません。

図4-1
空き家の価格と不動産屋の対応イメージ

相手はビジネス

空き家の価格	仲介報酬 ※	対応のイメージ
1,500万円	51万円	ぜひぜひ売却まで一緒に協力させてください（積極的）
500万円	21万円	では、仲介させていただきます（普通）
300万円	14万円	正直厳しいですね。まあそこまで言うんだったら掲載してみますか……（いやいやオーラがでている）
200万円	10万円	……無言（早く帰ってくれないかな）

※ 仲介報酬は取引の一方から得られる上限額（消費税抜き）

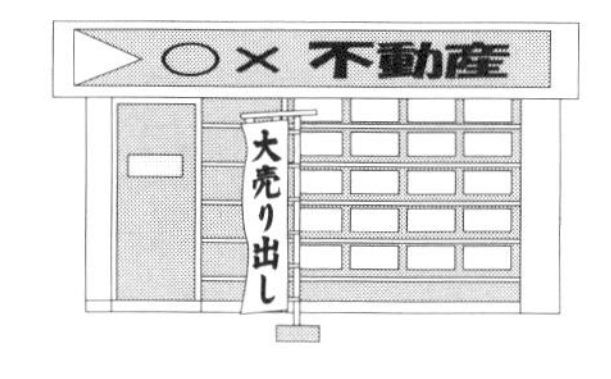

どんな田舎でもOK、ネット活用で自分でできる空き家の査定方法

①使える土地価格ツールはこれだ

早速、不動産の価格を知りたいとしましょう。一般的には次の方法があります。

1　査定サイトに依頼する
2　不動産屋さんに行って聞いてみる
3　不動産鑑定士に依頼する
4　国土交通省の土地総合情報システムの取引価格情報にアクセスする
5　相続税路線価を見る
6　全国地価マップで固定資産税の評価額を調べる

ここで、「無料で」「誰にも知られず」自分で調べてみたいとしましょう。その時点で「1」、「2」、「3」は除外されます。「4」は情報が古く、場所も特定できないように加工されているので、あまり参考にはなりません。「5」は一般的な方法ですが、都市部でしか使えないという弱点があります。日本の国土の85％は田舎で、田舎の空き家の価格を無料で独りで調べたい時には、「6」が最も知られていませんが、実は最も有効で、どんな田舎のどんな場所でも価格が推定できちゃう意外と強力なツールです。

そこで、「6」のツールの使い方を中心に田舎の空き家の価格を調べてみることにしましょう。

②田舎の地価査定の味方、全国地価マップとは？

これは、一般財団法人資産評価システム研究センターという団体が、全国の市町村の固定資産税課税のための評価情報を直接市町村から収集して公開しているサイトです。この団体は、固定資産税の評価に関する技術的なことを研究・情報発信している団体です。そして、固定資産税の課税の基礎となる土地評価情報は同センターの依頼に基づいて、全国

図4-2
地価マップのトップページ(イメージ図) 地価マップ(http://www.chikamap.jp)

の市町村が任意(好意)で提供しています。たまに評価情報が提供されていない市町村もあるかもしれませんが、ごく少数です。この土地評価情報を地価マップとして公開することで、固定資産税の課税の均衡化・適正化を図ろうとしているのです(図4-2)。

全国地価マップを使う前に気をつけなければならないことがいくつかあります。

●ユーザーフレンドリーでない

全国地価マップは、プロ向け、特に市町村の固定資産税課の職員や、固定資産税評価に関わる評価員に向けたサイトですので、一般ユーザーに使ってもらうことを想定していません。そのため、操作方法には直感的なわかりやすさはあまりありません。また、操作はスマホではなく、パソコンで使うことを想定しています。そして、公開されている評価情報は、市町村の好意で提供されているものです。このサイトは自己責任で使う必要があり、同センターに文句を言ったり、使い方を問い合わせることはできません。

●出ている数字は1㎡あたりの更地の価格

このサイトは、地図に評価額が載っていますが、それは、1㎡あたりの更地（建物がない土地）としての価格です。建物の価格は別途計算して足すか、取り壊し費用を差し引く必要があります。

●相場の6割から7割の数字が掲載されている

ここが重要で、掲載されている評価額は、固定資産税の課税のためのもので、売買相場ではありません。そのため、売買相場に換算するには、0・7か0・6で割り戻す必要があります。そして、どの数字で割り戻せば良いかは、市町村ごとに異なるという面倒な仕様になっています。より正確に売買相場を推定したければ、後述のように地価公示や地価調査で公表されている価格と比較して割り戻す数値を決める必要があります。

③地価マップを使ってみる

では、早速使ってみましょう。全国地価マップのURLは、http://www.chikamap.jp/です。サイトの下のほう、広告スペースのすぐ上の小さいボタン「次へ↓」を押します。決して、「固定資産システム評価センター」と書いた大きなボタンを押してはいけません。この事実だけでも実利本位の面倒なサイトだとわかるでしょう。

次に注意事項が表示されます。その下の4つの選択肢から適当に選んでその下の「同意する」を押します。

ここまでくれば後はスムースに使えると思います。県を選び、市を選び、町を選び、地番を選びます。そう、このサイトは住居表示でなく、地番で選択する点は注意しましょう。とはいえ、地番がわからなくても、それらしい地番をクリックして、あとで地図を動かして修正できます。

図4-3

操作画面のイメージ

近くにある、赤い丸に数字が書いた場所を探します。それが固定資産税の評価地点です。田舎の場合、道路幅員によって価格が上下しやすいので、よく似た雰囲気の、よく似た道路幅員の場所を探すと最も精度よく価格を推定することができます。その赤い丸の上の数字「(5040)」が、そのまま1㎡あたりの土地の評価額(5040円)になります(**図4-3**)。

場所によっては前面の道路に矢印が引いてありますので、その数字(前面路線価)を拾います。

赤い丸や数字が現れない? そんな時は次

のどちらかの対応で現れるはずです。

・縮尺が間違っています。縮尺を1万分の1より拡大すれば赤い丸が、2500分の1より拡大すれば赤い丸と数字が現れます。

・人里離れたすごい田舎の場合、周囲に評価地点がない場合があります。幅広く地図を動かして赤丸や道路上の矢印を探しましょう。

続いて次の項では、その数字から土地の値段を求めてみることにします。

3 不動産屋に仲介を断られた！ そんな時にできる不動産の直接売買

①地価マップで土地の査定をする

本章の第1項でも触れたとおり、価格が安い空き家は不動産屋さんが相手にしてくれません。向こうも商売、生計がかかっている以上仕方ありません。ならば自分で闘うのです。まずはネットを活用し、独力で価格を求めちゃいましょう。

さて、前項で得られた5040円から査定をする続きです。この価格が相場の6割なのか7割なのか判断する必要があるのです。そこで、地図上のタブを「地価公示・地価調査」に切り替えて、表示される近くの三角か四角をクリックして、左の窓に表示される価格を覚えます。図の場所では2万1300円となっています。

図4-4

次に地図の上のタブを固定資産税路線価等に切り替えて出てくる数字を覚えます。図では路線価で1万5120円です（**図4－4**）。この2つの数字の比率を求めます。

15,120 ÷ 21,300 ＝ 0.710

最後に5040円をこの数字で割り算すれば1㎡あたりの更地の価格になりますので、敷地の面積を仮に900㎡とすれば全体の価格が求まるのです。

（査定地）（比率）（実勢価格）
5,040円 ÷ 0.710 ＝ 7,099円

（実勢価格）　（面積）　（査定価格）
7,099円　×　900㎡　≒　639万円

次は建物です。建物の価格は空き家の場合は築年数が古く通常0円ですが、ここでは、建物の取り壊し費用を350万円として差し引いてみましょう。

（土地価格）（取り壊し費用）（土地建物の合計）
639万円　－　350万円　＝　289万円

ただし、この金額で本当に売れるかどうかはまた別問題です。不動産取引の少ない田舎では、「市場性がない」とされ、何割か（2〜3割ほど）割り引く覚悟が必要でしょう。これもまた「売りたい気持ち」と「自分の欲」との闘いです。

②直接売買ができる条件は？

さて、価格の目安がつけば、次に実際の売買手続が可能かどうか見極めましょう。筆者

はいくつか直接売買の相談に乗って実際に不動産の直接売買の現場に立ち会ったことがあります。

不動産売買も基本はコンビニのジュースを買うのとさほど変わりません。ジュースを買う時、レジに商品をおいて、お店の人がレジに入力します。これが「売った」「買った」の意思表示にあたります。そしてお金を支払い、商品を持って帰ります。これが「代金の支払」と「品物の引き渡し」に該当します。まとめると次の2つで売買が成り立つのです。

●「売った」「買った」の意思表示
●「代金の支払」と「品物の引き渡し」

一方、不動産の場合には、土地建物のどこを眺めても所有者の名前が書いてありません。表札だってホントかどうか怪しいものです。そこで国で正しい所有者を登録する登記制度が用意されています。そして、不動産では意思を書面にした「売買契約書」を取り交わすのが一般的です。

③当事者売買の契約、引き渡し、登記の方法

それでは、紙面で実際に、仮装の空き家の当事者間の直接売買を行ってみましょう。まず、売買契約です。不動産の売買契約自体は口頭でも可能ですが、契約書を用意するのが一般的です。空き家の直接売買の契約書のポイントは、

1　売主が完全所有権を譲渡することを保証する

2　買主は建物の瑕疵（＝キズ）があっても売主に責任追及しない

この2点です。捺印は、認印でも構いません。

次に代金支払いと引き渡しです。直接売買では、なるべく単純な手続にするのがコツで、代金はいつもニコニコ現金一括で支払うのが通常です。逆に言えば、普通の人が現金で一度に支払える金額でないと、直接売買は成り立たないと言って良いでしょう。ローンなんてもってのほかです。筆者の経験した印象的な代金支払いの場面は、代金の1円をのし紙に包んで、「大切に使います」といった手書きのメッセージも添えて渡した人もいます。

代金を支払えば領収書を発行しましょう。ちなみに、通常、個人間売買の場合には、金額に関係なく領収書に印紙は不要です。ご存知でしたか？

次に引き渡しです。引き渡しは、家のカギを渡すことで完了します。土地だけの場合には、売主が「引き渡しました」と買主に伝えることで完了します。特に難しいことはありません。

最後に登記です。登記はしなくても売買の当事者間では売買したことになりますが、第三者に所有権を主張できません。また、本来、登記手続は売主と買主の共同作業ですが、実際は買主が段取りして、買主の費用で行います。ここは司法書士にお願いして登記手続をするのが無難です。特に個人間売買の場合は、専門家に依頼することをおすすめします。中には変わった人もいて、自分でやりたがる人もいるので、一応ここで説明すると、登記手続は自分でやろうと思えば可能です。筆者も不動産登記の電子申請に挑戦した経験がありますが、書類を持って行ったり補正したり、結局何度も法務局に足を運ぶことになりました。」。

登記までできれば、晴れて不動産売買の一連の手続は完了となります。メデタシメデタシ……。最後に、不動産が直接売買できる条件を列挙しておきました（次ページ図4－5）。

図4-5
不動産が直接売買できる条件

(a) 人（自分と相手）の条件
所有者は1名である（共有でない）こと 直接対話ができる（代理人がいない）こと 顔見知りであること 売買できるほどの信頼関係があること、 想定外のことが起きるときに問題を解決できる複数の相談相手がいること
(b) 物（空き家と土地）の条件
土地建物の所有権しかない（借地、借家でない）こと 売買の目的物に農地を含んでいないこと 相続登記が実態通りされている（未登記建物がない、相続登記が完了している）こと 抵当権など複雑な権利関係がないこと 敷地境界がはっきりしていること 建物の再建築が可能であること 買主がその地域や場所についてよく知っていること （直感的に）変な雰囲気がないこと
(c) お金の条件
現金（銀行振込）で一括して払うこと それほど高い金額でないこと

買主を探すノウハウ

①まず、隣に売れ

前項までで、特に日本の国土の85％を占める田舎の土地の評価の方法や直接売買の方法を説明しましたが、そもそも相手をどうやって見つけるのか？　相手がいなければ売ることはできません。

まず、空き家を含む不動産の大鉄則「土地はまず隣に売れ」です。隣の人は、その場所のことをよく知っていて、良いところ、悪いところ、リスクの評価も自ずとできています。もし、隣の人の土地が不整形で使いにくい土地ならば、自分の土地と合わせることで地形（ちがた）が良くなり、使い勝手が飛躍的に増すことでしょう。隣の人はひょっとして駐車場として土地を欲しがっているのかもしれません。特に昔ながらの商店街では、駐車場のない家が

図4-6

借地の空き家を処分する１つの方法

並んでいて、現代の生活に必須の車が置けず困っている人が多いのです（図４−６）。こんな時のためにも隣の人とは仲良くしておくことは超大事です。勝手知った間柄の隣人なら直接売買もうまくいく可能性が高いでしょう。「灯台もと暗し」のように、自分の土地を最も理解し、一番高く買ってくれる人が隣の人だったのです。

それができなければ価格をちょっと下げて、近所に触れ回りましょう。不動産屋さんも仲介を引き受ければチラシを作って近所に配ります。近所の人はよく知っているので、買ってくれる可能性は高いのです。それも難しければもう少し価格を下げて、インターネットを使ったり幅広く買主を募集することになります。「えっ、価格を下げるのに抵抗がある?」……そんなことは言っていられません。第1章で述べたように空き家の維持費は年間55万円、そして住宅は安くすれば必ず売れます。安くしてでも売却するのが吉です。

②どうにもならない借地の空き家

しかしどうにもならない空き家もあります。それがタイトルの「借地上の空き家」です。借地は地域的に偏在していて、地方では、江戸時代から続くような古い町並みでよく見られます。昔は宿場町として栄え、今やシャッター通りとなった商店街です。この空き家は深刻で、売るに売れない、壊すに壊せない、使うに使えないと煮ても焼いても食えないものとなり放置されているのです。

借地の空き家がどうにもならない理由は5つあります。まず「契約書が存在しない」「契約したのは3年前に死んだじいちゃんで、もう契約書がどこにあるのかわからない」のです。じゃあ地主はというと、これまた同じ似たり寄ったりの状況で、当事者すらわからない、そんな状況ですから、周りの人は誰一人状況がわかりません。

そして、2つ目には、「契約内容がわからないのに、なんとなく地代を払っている」そんな状況になっていることがほとんどです。わかるのは、借地の契約があることと、賃料だ

図4-7 借地にまつわる費用（一般的なもの）

①地代	毎年地主に払う
②権利金	契約の最初に１回だけ支払う 所有権の50%程度だが、地域によりまちまち
③条件変更承諾料	建物の建替え時に支払う
④名義書換料	建物の売買に伴って借地人が変わるときに支払う

けで、それ以上のことは全く不明なのです。

さらに3つ目には、空き家を売買したり、建物を壊したりする場合に必要な「名義書換料」「条件変更承諾料」がいくらなのか、そもそも必要なのか、それもわかりません。これらは民法や借地借家法に書いてある一般的なもので、通常契約書に記載されているのですが、地域によって借地の慣習はばらつきが大きく、契約書がないので、当事者以外はおいそれと手が出せないのです（図4－7）。

4つ目、「契約を終了させる方法がない」のも問題です。地主はなんとなく地代が入っている状態で満足しています。家が古く空き家になったので、借地人から契約を終わらせようとしても、もちろん断られます。地主だって空き家になるような土地を返されても持て余すだけです。それに建物を壊そうにも、条件変更承諾料の有無や金額がわかりません。自分の家なのに、地主に内緒で勝手に家を壊すこともできず、建物がある限り借地契約は続き、結局手詰まりになってしまうのです。

最後に5つ目、借地契約を終了させることができるのは、当事者しかいない点も問題です。しかし当事者は対処しかねているわけですから、ゾンビ化した状態が続き、建物が傷み倒壊の危険が年に日に増えていくのです。裁判で解決するとしても、契約も何もなく裁判所も正直困ってしまうのが現状です。そのうち相続が発生し、相続人が複数人になってしまうと、行方知れずの相続人がいたり、仲が良くなかったり、裁判すら起こせないことにもなります。

③「未払い」が借地の空き家問題を解決する!?

そんな借地の空き家の相談を受けるのですが、解決方法はあります（次ページ図4－8）。

「地代を払うのをやめる」

図4-8　借地の空き家を処分する1つの方法

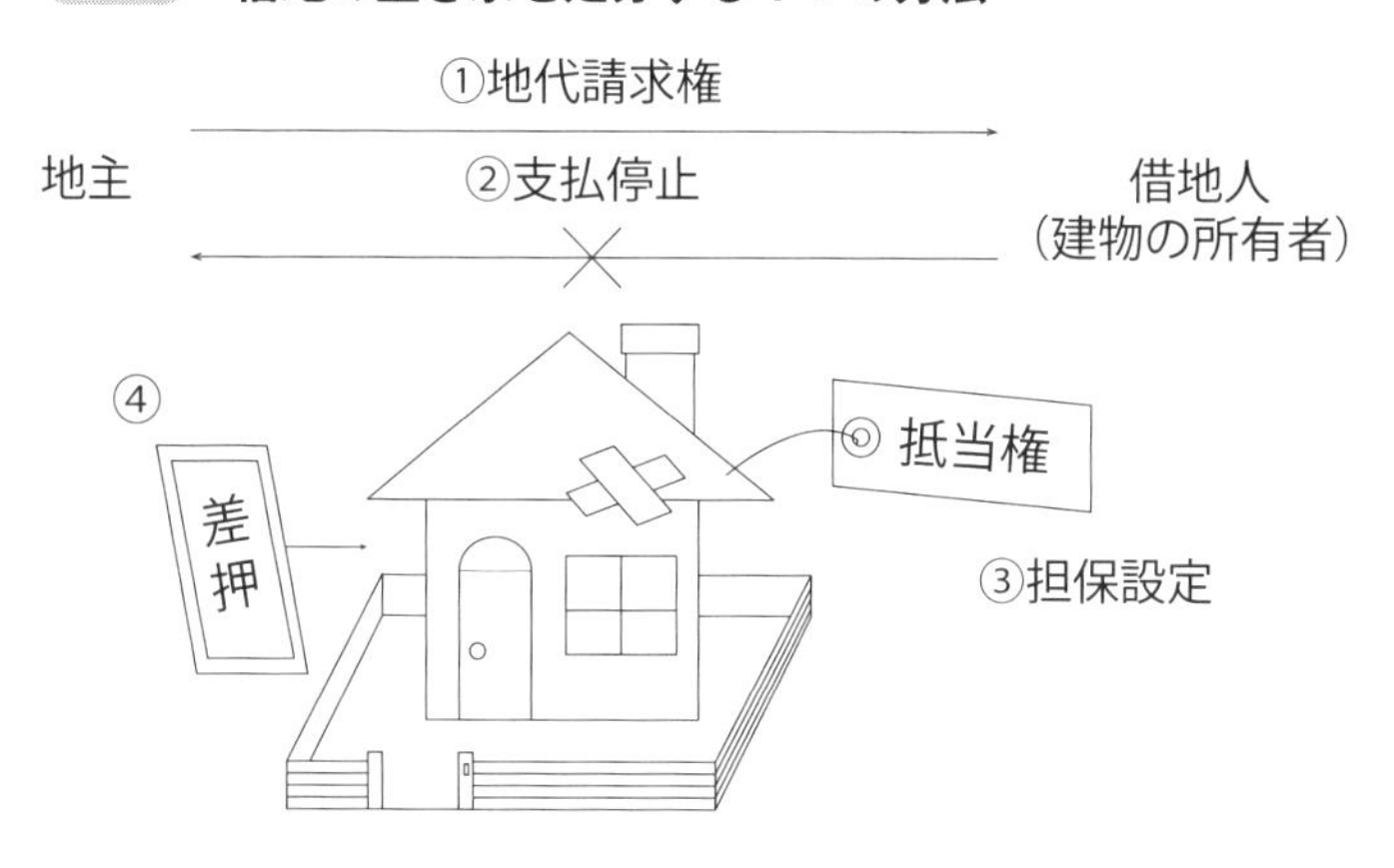

これです。地主に借りを作る、つまり地代支払債務を作るのです。地代が払われなければ、地主も問い合わせてきます。ろくに契約書も管理してないくせに「約束だから払え」などと都合よく言うでしょう。しかしそこで払ってはいけません。支払いを停止し続けるのです。

ある程度地主への債務がたまったら、地主に一つ提案をしましょう。地代支払債務を理由に建物に抵当権をつけるのです。そして支払いを停止し続け、地主に差し押さえてもらい、競売してもらうのです。

かなりキワドイ非常手段ですが、こうすれば、少なくとも地主に建物を買い取ってもらうのと同じことが実現できるのです。

それでも空き家が売れない？ 掟破りの最終手段

①最終手段は「借金」のカタ？

空き家管理でさまざまな空き家の相談を受けるようになると、「それでもなんと売りたいがなんとかならないか？」と必死に相談をする方がいます。だいたい私たちのところに相談に来るような人は、不動産屋に足蹴にされ、空き家バンクの対応に不満を持ち、やっと「ここなら！」と探し出して相談に来る方が多くいます。そんなときに、最後の手段としてお伝えする方法があります。ただし、最初に断りますが、これは掟破りのラフプレー、上品な解決方法ではありませんので、あくまで本書で伝えるだけの話としてお聞きください。

空き家を売却する最後の方法に、「借金のカタにする」方法があります。借金があれば、そのカタに空き家を持って行ってもらうのです。前項では地代の未払いから差し押さえて競売してもらう方法をお伝えしましたが、その応用です。

もし、空き家の持ち主が、誰かから借金していれば、空き家をその債務の抵当不動産にしてしまうのです。で、何らかの事情で返済が滞れば、債権者は抵当権のついた空き家を差し押さえて競売する、そういうことです。

実は、競売になると、競売情報がインターネット上に公開されます。これは「ＢＩＴ不動産競売物件情報サイト」といい、全国の裁判所の競売情報がすべてここで公開されます。このサイト、日本でただ一つ競売情報を公開しているところで、しかも裁判所が直接運営しています。当然、プロから素人まで、不動産を買いたい人、特にちょっと癖のある物件を、しかも安く買いたいと考えている人は、頻繁にチェックしているところなのです。

もともと安く買えるのが競売物件の魅力ですが、最近参加者が増えると、モノによっては相場以上の価格で落札されることもあります。価格は民事執行法に基づいて裁判所の公正で厳格な手続の入札で決まります。ここに出せば、その辺の不動産屋さんに出すよりも多くの人の目に触れ、その分高く売れる可能性がでてくるのです。

そのサイトに出すために、債務があれば空き家を借金のカタにしてしまう、そういうことなのです。

これを読んでいる人の中には、「そんなに売れるんなら、仮装の借金をしたことにして、空き家を競売しよう」とか、「借金を返さなくてもいいや」などと考える人がいるかもしれません。そのような悪いことは考えたとしても、実行してはいけません。お金を返すのは約束に従い、競売制度は本来の制度趣旨を十分に理解し、制度に沿って適正に行いましょう。

②ウワサの「100円不動産プロジェクト」とは?

筆者は「100円不動産プロジェクト」を運営しています。これはささやかな活動で、ある日「私が死んだら空き家が残ってしまう、お金はいくらでもいいので、死ぬまでに誰か次の人に使ってもらえないだろうか?」。また、「100万円200万円のはした金で実家を売っても、あの世にお金は持っていけないし、ご先祖様に申し訳が立たない。子どもが誰も戻ってこないのは残念だが、他人でも実家が誰かにきちんと使ってもらえれば、ご先祖様も喜ぶだろう」と相談を受けたことからはじめたプロジェクトです。

コンセプトは、「あまりに金額が小さいか、あまりに遠方なため、不動産屋さんも扱わない空き家に取材して、直接売買で次の使い手を探すために公開する」というものです。なお、はじめる際には宅建業法に関して監督官庁と相談の上で行っています。

不動産が100円で買えるとは驚きかもしれませんが、特に地方では不動産屋もまともに扱わず、値がつかない不動産が多く放置されているのが現実ですし、人は自分の人生の終わりを意識すると、お金ではなく、思い出のある家が、血縁関係がなくても誰かにちゃんと使われる様子を見るだけで心が満たされるのです。

このサイトをはじめて1年ほど運営し、これまで数件の空き家を取材して公開してきました。中には1日で1万件のアクセスがあった案件もあります。空き家バンクがなかなか苦労しているとの報道がある中、数件の空き家がこのサイトを通じて縁あった人に使われています。中には都会から移住してきた人や、若者が移り住んで農業をはじめたり、ささやかながら地方移住と地域活性化につながっています。またこの経験が、どんな住宅は価格を下げれば必ず売れると判断できる理由の一つにもなっています。

ちなみに名前をつけたのは私ではありませんが、プロジェクトの名前の由来は「100円めがね」というあだ名がついた小学生がいたことからです。

100円不動産の最初の案件で、代金の100円を売主のおじいちゃんのところに私が持って報告に行きました。金額はたった100円でも、空き家が誰かに使ってもらえて、それまでおじいちゃんを悩ませてきた空き家の問題が解決でき、本当に肩の荷が下りたような穏やかな表情で感謝されたのがとても印象的だったのを覚えています。

第5章

修理・リフォームする「空き家術」

自力修理&リフォームがお得な理由

①お安くできる空き家リフォーム

第4章では、空き家の直接売買について説明しました。いろんな方と話をすると、いまだに土地神話やバブル景気のイメージを持っていらっしゃる方がいて、空き家でも欲が出るのか、あってもなかなか手放そうとしない方が多いように感じます。「夢よもう一度」ということだろうと思いますが、今後、日本の住宅は都心の駅に近いところなどを除いて、全体としては値がつかない方向に向かっていくと思いますし、すでに高度経済成長時代の住宅団地や地方を中心に、中古住宅市場にも載らず、値もつかず、打ち捨てられたような家が本当に増えたように思います。

逆に、捨てる神あれば拾う神あり、そのような家を安く買って自分でリフォームしよう

図5-1

番号	場所	規模	購入価格	目標用途	改装費
1	C市	木造築50年	1円	会員制研修所・保養所	150万円
2	D市	木造築60年	2万円	住居・ITオフィス	300万円
3	A市	木造築40年	20万円	デイサービス	800万円
4	A市	木造築50年	200万円	みんなが集まる場所	210万円
5	A市	木造築70年	200万円	カフェ・住居	400万円
6	B市	木造築35年	260万円	オフィス・住居	500万円
7	A市	木造築50年	390万円	住居	300万円
8	F市	木造築50年	1000万円	カフェ・住居	2000万円
9	E市	木造築70年	1300万円	だれでも住める住居	2900万円

とする人が増えています。都会で仕事に疲弊した人が田舎暮らしにあこがれ、しかも家が100円で買え、しかもそこには経済合理性があるとなれば、自分で直しながら余生を過ごそう(?)と考える人も出てきます。

古い家にはリフォームが必要です。主な理由は次の5つです。

・壊れている
・部屋数が多く部屋が狭くて使いにくい
・冬寒く夏暑い
・段差が多い
・家族構成や使用目的が違う

図5-1は、筆者が聞いたり見たりした空き家を購入した金額と、リフォームに要したおおよその金額を掲載してあります。これを

見ると、一つの傾向があることがわかります。

「安く空き家を買う人は、リフォームも安く仕上げる」

これは重要な事実で、空き家に関しては「安い→悪い→リフォーム費用がかさむ」という常識が成り立っていないのです。理由は2つ、1つは、安い家は小さな家が多く、リフォーム費用もかからない傾向にあります。しかしそれよりも重要なもう1つの理由は、空き家を安く買うためには努力が必要で、売買交渉で持ち主との信頼関係を築くことができる人は、リフォームでも同じように努力して、結果的にリフォーム費用も安くすることができるのです。

②最大9割コスト削減! 自力リフォームが安く楽しくできる理由

「衣食住」とは生活に必須な3つの要素ですが、「衣」と「食」は自分で制覇できても「住」はなかなか手強い相手です。たとえば、「衣」は針と糸と布で作ることができ、買うとしても千円単位の支出で済みます。「食」はスーパーに行けば百円単位でそろううえ、土

図5-2

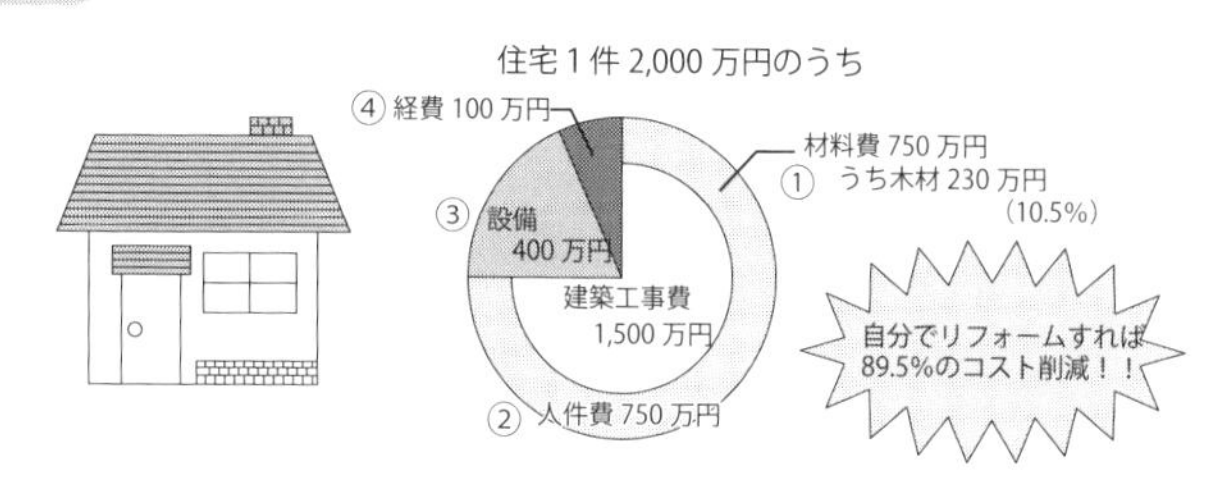

にタネをまくだけで生えてきます。一方「住」は、ちょっとしたリフォームでも職人に頼めばすぐ50万、１００万円の単位でお金が飛んでいきますし、自分でするにしても家を壊さない程度の知識と工具とテクが必要になります。

それでもなお、ホームセンターに行けば、DIYしてやろうという意気込みの人がさまざまな材料を持ってレジ前に並んでいます。そこで、ここでは衣食住の「住」を制覇するためのヒントについて書きたいと思います。

さて、大工さんに工事を頼んだり、工務店にリフォームを頼むときの費用構造はご存知でしょうか？

図5－2（前ページ）が、通常の住宅1軒を建てる費用からリフォームの費用構造として集計し直したものです。住宅1軒作るのに、木材の材料費はたった11・5％。驚くほど木材の材料費が少ないことがわかるでしょう。

小ロットの材料を購入することで多少材料費が割高になるのも事実ですが、それ以上に自分で材料を買って自分でリフォームをすることで、図の②から④がすべてカットできることになります。つまり、業者に頼むよりも最大9割も安く仕上げられるのです。お得だと思いませんか？

知識がなくても臆する必要はありません。インターネットには自分でリフォームしている人のブログがたくさん載っています。中にはプロ顔負けのことまでやってのける人もいますので、何か作るときに参考例として検索すると良いでしょう。

かくいう筆者の私も「換気　DIY」「屋根　自作」などのキーワードでインターネットで作り方を検索して、空き家だった現在の住居を、4年ほどかけて少しずつ改造しています。最初は電動ドライバーすら使ったことがありませんでしたが、少しずつ道具をそろえて、今では棚を作ったり、デッキに屋根をかけたり、たいがいのことはできるようになりました。

③みんなで改造すると楽しい

一人でコツコツやるのもいいですが、みんなで集まって作業すると楽しく、すぐできちゃいます。特に、床張りや壁塗り、塗装など作業が単純で、広い面積をカバーできるものが適しています。

筆者も空き家の床を張るのに、多くの人を集めてワークショップに行ったことがあります。集まったのは金ヅチを持参した10人、近場の人もいればわざわざ車で東京からやってくる猛者もいました。みんなで木を切って、ひたすら床張りをして、丸2日かけて完成したときはとても感激しました。このワークショップに参加した人の中には、要領を覚えて人里離れた山の中で、空き家を改装して自活している人もいます。もし自分で行うのに不安があるようなら、このようなワークショップに参加して体験してみるのも良いでしょう。

床張りワークショップで、長さ 4m、厚さ 3cm の床板にカンナをかけている様子

Let's 自力修理&リフォーム

①一瞬でわかる素材となる空き家の探し方

リフォームの素材の空き家としては木造の在来構法、つまり、日本でありふれた柱と梁で支える家が良いのです。これなら壁を抜くこともできますし、内部構造もある程度予測できます。自分で板を貼り付けて耐震工事もできます。

逆に、避けるべきものを挙げてみましょう（次ページ図5－3）。

i　鉄骨造、コンクリート構造は避ける

これらは改造ができません。いや、できないことはありませんが、コンクリートブレーカーや溶接が必要になりますので、自分でやるには大変すぎです。騒音や振動も半端でないので、手に負えないのです。空き家を改造するには木造に限ります。大手ハウスメー

図5-3　リフォームの素材の空き家の○ ×

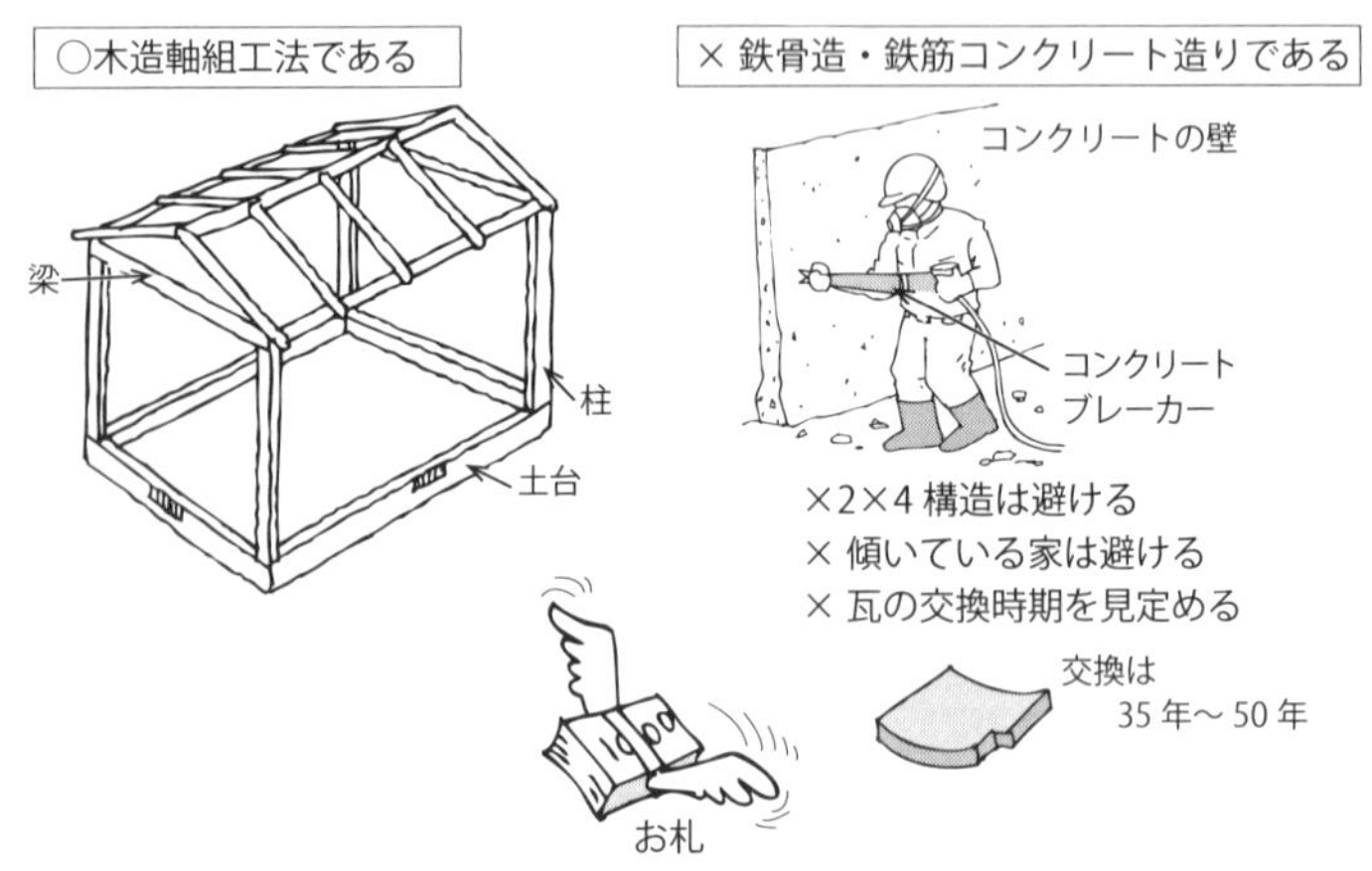

カーの家は、一見して木造に見える雰囲気があっても、実は鉄骨造やコンクリート造のことがあります。建物の構造が見てわからなければ、登記簿謄本で確認できます。

ii　2×4構造は避ける

これも大手ハウスメーカーの家によく見かけられます。2×4（ツーバイフォー）構造とは、外国生まれの木造構法で、家の重さを壁全体で支えるようにできています。これを避ける理由は2つあります。1つ目は、「湿気に弱い」。外国生まれの2×4は、日本の湿度の多い気候に適しているとは言いがたく、通気が悪くカビやすいのです。2つ目は、「間取りが変えられない」。2×4構造の家は、壁で重さを支える以上、壁を取り去ると家自体が傾き、間取りの変更ができないのです。古い空き家を改造する場合には壁を取り去って、部屋数を減らして部屋を広く使うことが多いので、このような構造は避けなければなりません。

iii 傾いている家は避ける

1メートルにつき2～3ミリ、大目に見て5ミリ程度の傾きはかまいませんが、立った感覚で傾いているとわかるような家は、改造すればますます傾くことになるので、避けるべきです。そんな家に長くいれば水平垂直がおかしくなり変になっちゃいます。ちなみに市町村から解体勧告となる「特定空家」の基準では、1メートルにつき5センチ以上の傾きです。これは床にパチンコ玉を置くと、結構な音を立ててあっという間に転がっていく傾きで、こういうのは問題外です。

iv 瓦の交換時期が来ているものは避ける

家の改造を自分でするのはかまいませんが、自分ではできない工事があります。それは「屋根」です。放置すれば雨漏りの原因となり、かつ、落ちると危ない高い場所にあるため、おいそれと自分で工事できません。プロに頼むのが現実的です。日本瓦の場合、その費用、

1㎡あたり約2万円ですから100万円の単位で用意する必要があります。通帳と相談しておくことが必要です。瓦はどんなに長くても50年で交換と考えておきましょう。

写真のような瓦交換工事は500万円かかることも

②空き家に出会った「瞬間」を大事に

空き家管理を行っていると、ときどき「空き家を買いたい」という相談があります。管理している空き家の中には「売っても良いよ」と持ち主から言われているものもあるので、ときどき空き家に案内することもあります。そこで得られた経験則が1つあります。

「最初の一瞬で決まる」

本当に空き家を買う人は、室内に案内するやいなや気に入って、出るときにはすっかり気に入り「これ買います」となります。こちらが「もうちょっと落ち着いて考えてくださいね」といさめるほどです。この直感、第六感、勢いといったものは、恋愛や結婚に似ているのかもしれません。逆に、駅の距離や間取りなどいろいろ考えたり比べ出すような人は、まず購入しません。

皆さんが、空き家を見に行くときは、この直感を大事に、とくに空き家の中に入った瞬間の空気感、肌感覚、見た感じを研ぎ澄ましてください。あとからわかってくる多少の欠点はどの家にもありますが、「あばたもえくぼ」の言葉のとおり、気に入れば欠点含めて気に入るものですし、買った後に改造してネガな部分をなくすことだってできるのです。この経験則は、私が見た、安く空き家を購入した人に共通しています。人と人の関係と同じように、家と人の間にも「縁」や目に見えない「波長」というものがあり、無意識のうちに、一瞬で決着がついているのです。逆に、空き家をいくつも案内されてあれこれ悩むようだと、感覚が鈍るか、あるいは目が肥えてしまい、かえって決められなくなってしまうのです。お見合いと同じです。

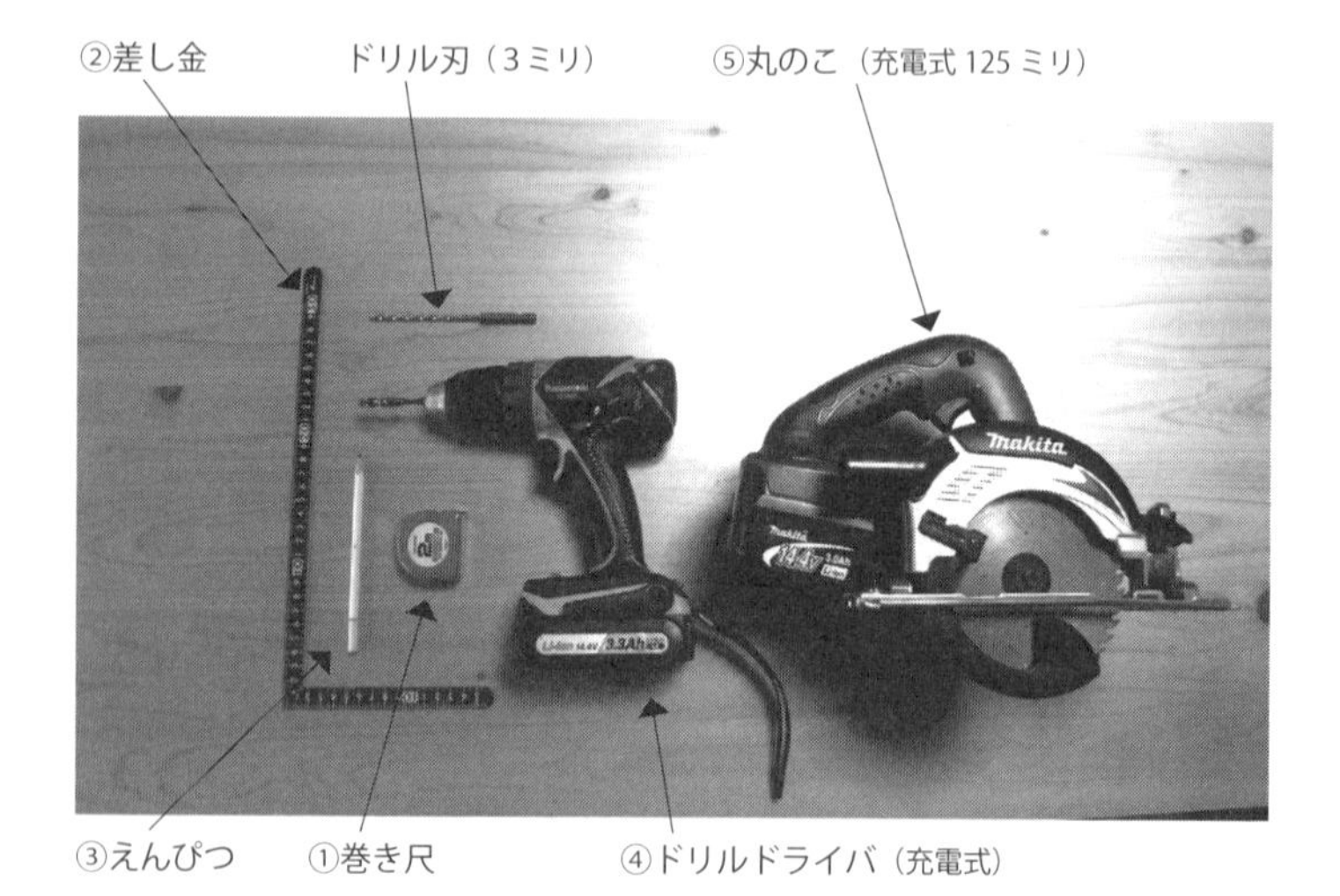

工具の写真

①巻き尺
②差し金（90度に曲がったL型のものさし）
③鉛筆
④ 14.4 Vの充電式電動ドリル（ドリルドライバともいう）
⑤ 14.4 Vの充電式丸のこ

③工具をそろえよう

築年数の古い空き家は、必ず改造・リフォームが必要です。とくにお安く買える空き家は、自分で改造しようとする人が多いように感じます。単に安く仕上がるからという人もいれば、暇つぶしとして余裕のある時間の趣味とする人もいます。

筆者は空き家を買って仕事の合間にちょっとずつ改造していますが、最低限必要な工具は、右の5つです。

電動工具は新品を買う必要はありません。オークションサイトなどで中古を購入すれば十分です。いらなくなったら売ることもできますから、プロの大工さんも使うしっかりした国産メーカーのものを購入しましょう。

3

自力リフォームが続かない理由を知る

①安全はすべてに優先する……ハズ

空き家の自力修理&リフォームはとても楽しいものです。家は、人と違って裏切ることがありません。手間をかければかけるほど、家はあなたにとって使いやすく、楽しくなってくるはずです。しかし、中には続かない人もいます。その理由を知って、しくじり先生、他山の石としましょう。

まず最初は「ケガ」です。ペンキを頭からかぶった程度なら洗えば良いでしょうが、脚立から落ちた、工具の使い方を間違えた、床に空けた穴に子どもが落ちてケガをしたとなれば、後悔してもしきれません。深刻な後遺症、それに死んでしまえばモトも子もないのです。そんなイヤな思い出のある家に、今後ずっと住み続けるなど苦痛です。筆者は、次の言葉を肝に銘じています。

「ケガするくらいなら最初からできないほうがマシ」

ケガをすれば、改造がストップするだけでなく、その治療に時間がかかり、完成は結局遅くなってしまいます。待てば海路の日和あり、いずれ貯金を貯めてプロに頼むことだってできるのです。

次に技術論、筆者は次のことに気をつけています。

1　30分たったら休憩する
2　頑張らない
3　ドリル・丸のこに手袋は厳禁
4　帽子をかぶる
5　上向き作業では必ず保護めがね
6　ナマケモノのようにゆっくり進める

「1」「2」では、休み休みやることが大事です。調子に乗ってついもう一本、もう一ヶ所……となりがちですが、知らない間に疲れているのです。明日も家はありますから、あっさり適当に切り上げるのが「吉」です。

「3」は、知られていませんが重要です。誤って工具で手を切るのも痛いですが、ケガは治ります。しかし、回る工具に手袋が引き込まれると、指、手が引っ張られて指・手がなくなってしまうことがあります。どうしても手袋をしたければ、軍手は厳禁、プロの大工さん用のものを使いましょう。なお、金属加工では切りくずから保護するための革手袋は必須です。同様に「4」は頭を角材などにぶつけないため、「5」は切りくずから目を保護するのに必要です。「6」は焦って結果を求めないことが大事です。

②構造を知らないとドツボにハマル

自力リフォームが続かない理由の2つ目は、「想像以上に大変だとわかって途中で挫折するパターン」です。想像以上とは、想像の5倍くらいでしょうか。これには理由があって、試しに近くの壁1㎡を見てください。見える範囲は1㎡ですが、見えないところにはこれらのものが隠れています。

1 壁紙 2 石膏ボード 3 胴縁（下地） 4 断熱材
5 間柱 6 防水紙 7 胴縁 8 外壁

修理するとなれば、これらを1つずつ解体していきます。ある程度までできれば、今度は元どおりに再構築していきます。壁に断熱材を入れようと思えば、1から4まで取り払って、新しい断熱材を入れてから、4→3→2→1と戻していくのです。「1234」と「4321」で8段階ありますから、ちょっと直すだけでも、実は想像の8倍の手間がかかるのです。最初はこれに気がつかず、つい「なかなか進まない」「大変な割にはできあがりが遅い」と投げ出してしまうのです。

本書の読者は、いまこのことを知ったので大丈夫です。相手の手強さを知っていれば、少しずつ時間をかけて進めようと思うはずです。ちょっと大きな本屋さんには、木造の在来工法の図解の本が売っていますので、1冊買って眺めておけば、予行演習、イメージトレーニングになるでしょう。

もう1つあります、今度は壁の部分の1㎡から壁一面を見てみましょう。何倍あります

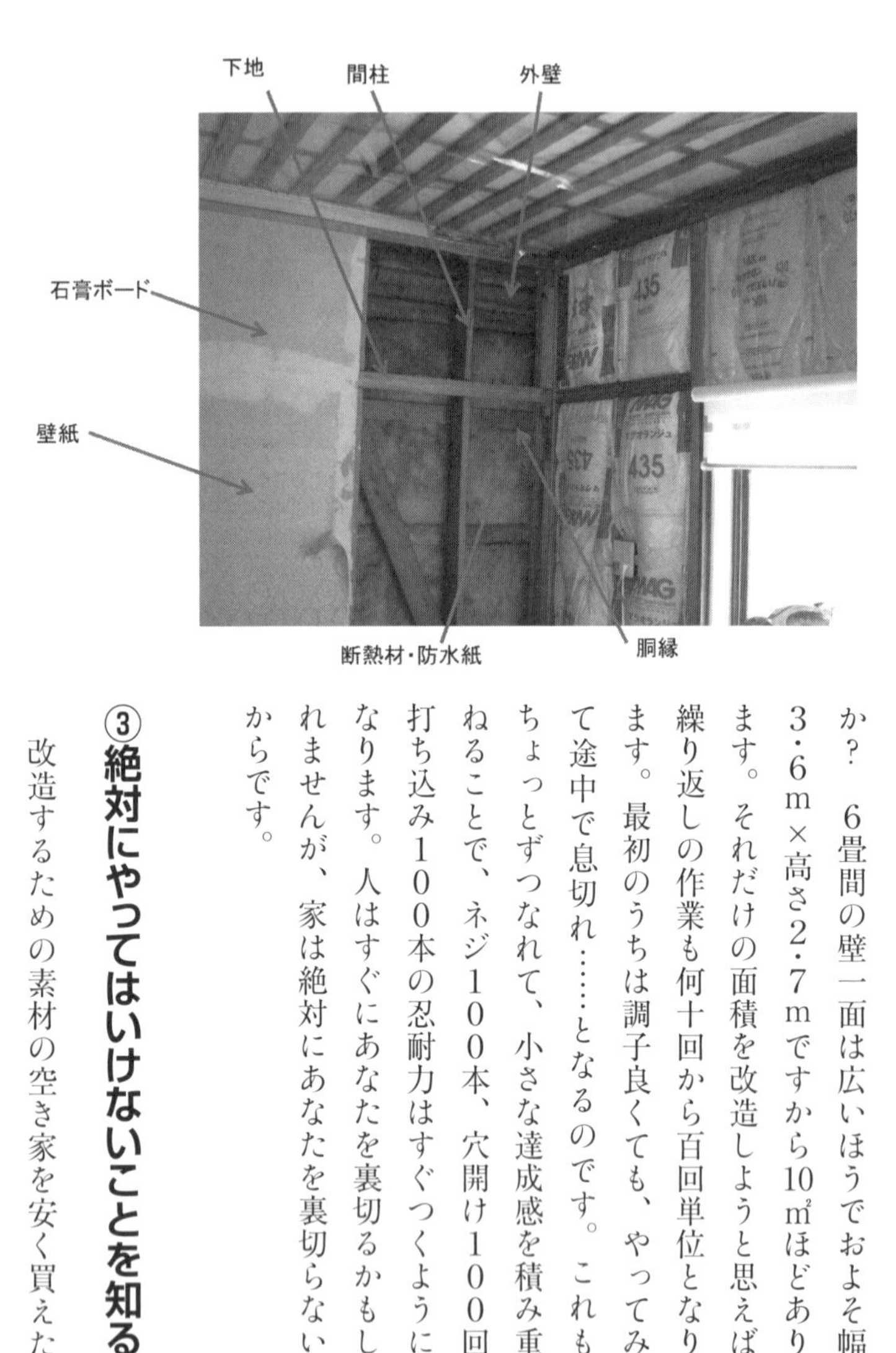

か？　6畳間の壁一面は広いほうでおよそ幅3・6m×高さ2・7mですから10㎡ほどあります。それだけの面積を改造しようと思えば、繰り返しの作業も何十回から百回単位となります。最初のうちは調子良くても、やってみて途中で息切れ……となるのです。これもちょっとずつなれて、小さな達成感を積み重ねることで、ネジ100本、穴開け100回、打ち込み100本の忍耐力はすぐつくようになります。人はすぐにあなたを裏切るかもしれませんが、家は絶対にあなたを裏切らないからです。

③絶対にやってはいけないことを知る

改造するための素材の空き家を安く買えた、

自力リフォームなら壁一面を棚に変身させることができる（工事中の工具棚の例）

工具も少しずつ買いそろえた、繰り返しの忍耐力もついた、インターネットで空き家改造ブログをみて知識もついた……調子に乗ってきましたが、絶対にやってはいけないことがあります。

「柱と梁は切らない」

古い家の間取りは狭く、2部屋を1つにする改造は自力リフォームの定番です。柱や梁に釘を打つことはできますが、柱と梁をのこぎりでカットしてはいけません。木造の在来工法とは、梁と柱で家を支える構造です。壁を抜くことはできますが、柱、梁といった構造部材は目障りでもそのまま残さなければいけないのです。

自分でとれるおすすめ資格

①サイクロン式空き家改造&リフォーム

古い空き家を安く買う人は、アメリカ南部の開拓民のように、何でも自分で作ってしまおうとする人が多いでしょう。圧倒的にお安く作れますし、いい暇つぶしになるうえ、自分好みのものができます。ところが、そんな妄想だけで空き家を購入してみたものの、何から手をつけて良いのかわからない、やってみたけれど、結果を求めるあまり焦ってしまい途中で挫折した……となりがちです。

そんなダサいことにならないコツが1つあります。

「改造の順番を逆順に、最後から考える」

手順を最初からイメージすると、途中でイメージが浮かばなくなり、わからないまま手を動かすと、そこで作業が行き詰まります。しかし、手順の最後から逆にイメージすると、不思議とイメージがつながって、改造の段取りがうまくいくのです。

では、実際に考えてみましょう。最後にすることは、「自分の作品を見て感慨にふける」ですが、ここではその前が重要です。それは「たまった木くず、おがくずを掃除する」ことです。木を切ったりドリルで穴を開けると大量の木くず、おがくずが出てきます。これを掃除するのに、つい掃除機を使いがちですが、すぐに紙パックがいっぱいになります。プロ用の集塵機が販売されていますが、高価……。だから、作るのです。サイクロン集塵機ならお金も手間も夏休みの工作レベルで作れます。これを掃除機につないで掃除することで、改造にむちゃ役に立ちます。ゴミは遠心力で集塵機に落ちて紙パックの節約になり、どこかの掃除機のように吸引力は落ちません。ゴミがたまったところで、ふたを開けて捨てればOKです。何万円もする掃除機がタッタ2000円ほどでできちゃうのです。筆者は3台も作って、1階、2階、天井裏に配置しています。いわば「サイクロン式空き家改造&リフォーム」です。

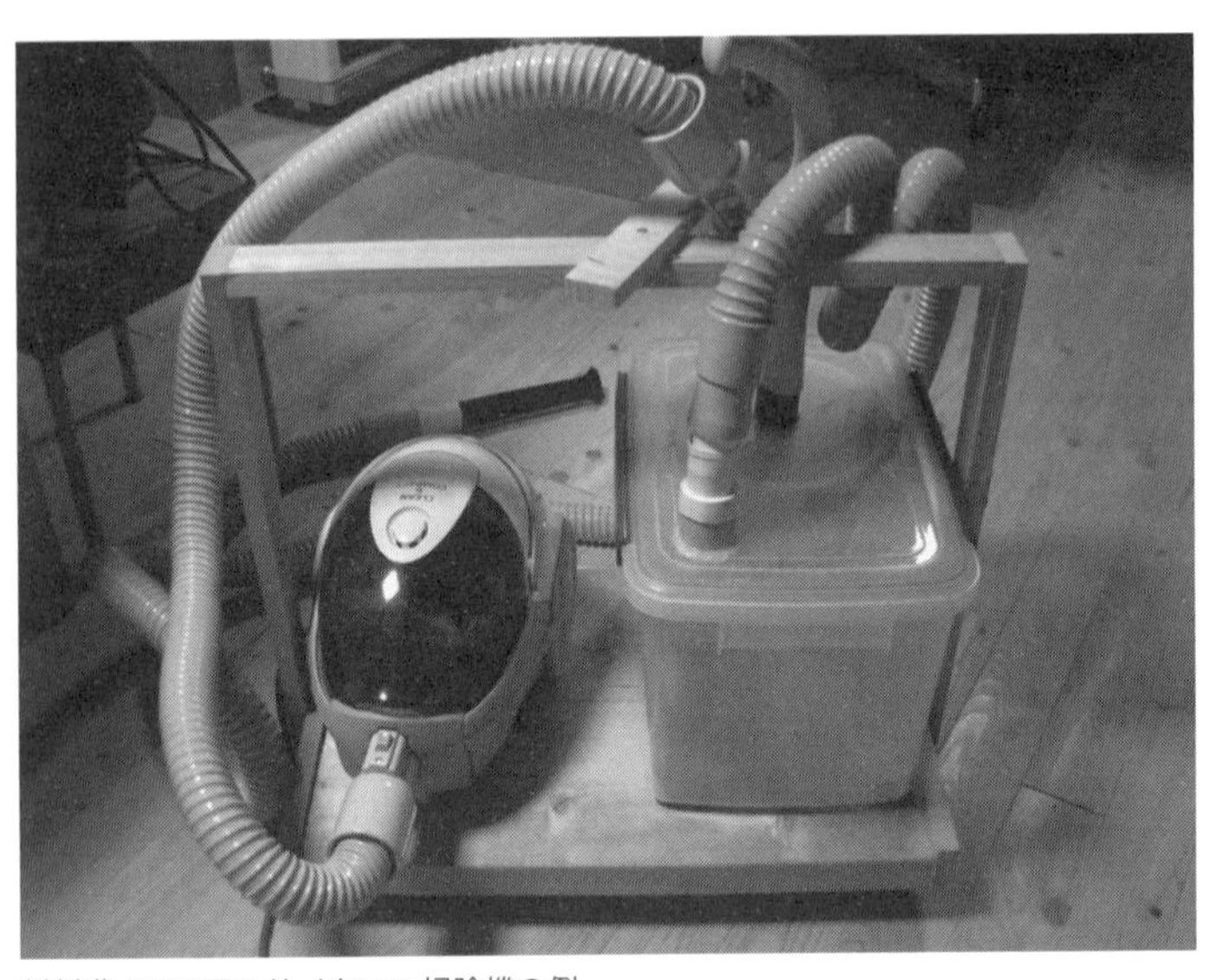

材料費 2500 円のサイクロン掃除機の例

②電気工事士をとろう

空き家の改造は大工仕事にとどまりません。昔の家はコンセントの数も少なく、なぜか床の低い位置にしかなく、プラグを差すのも抜くのも不便です。一方で現代生活では、モデムにルーターにスマホにPCにモニタに……と情報機器用だけでも、コンセントは大量に必要になります。「あーここにコンセントがあったらなぁ」と思うはずです。

電気屋さんに頼めばお金がかかるし、職人は気むずかしく面倒です。そんなとき、電気工事士の資格をとると役に立ちます。中でも第二種電気工事士は取得しやすく、これがあれば100Vの配線が自分でできちゃうので

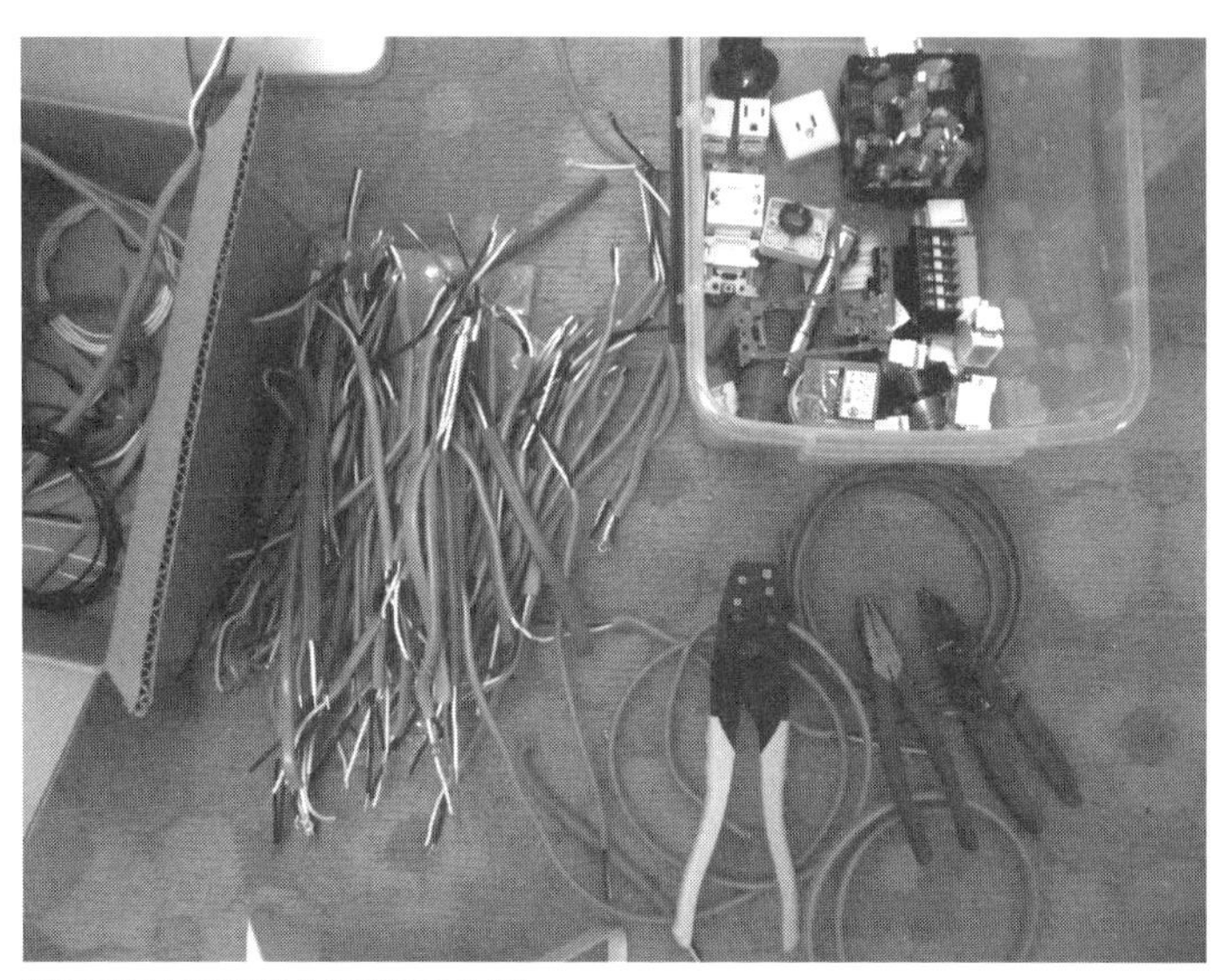
電気工事士の実技試験で使う電材類

す。

試験は四者択一の筆記試験と与えられた課題をこなす実技の2つからなります。アマチュア無線技士よりやさしく、高校物理の知識程度があれば、本屋にたくさん売っている問題集と参考書で独学で十分可能です。実技は練習キットが売られていますし、動画サイトでは課題の丁寧な解説がアップされ共有されています。工業高校の電気科では、もっと上の第一種電気工事士の取得を奨励されていますので、みなさんやってやれないことはないはずです。

その他、空き家改造&リフォームに役立つ資格には、水道工事、下水工事の資格、建築士がありますが、電気工事士に比べると実務経験が必要だったり、取得が難しいのが実情です。ちなみに、防火地域、準防火地域の外で10㎡（約6畳相当）以内の増築する場合には、建築確認が不要で、自分で工事が可能です。地域で法の解釈が異なる場合もありますが、数年にわたって小規模な増築を繰り返して、建築確認なしに大きな建物を作ることもできなくはありません。

快適な空き家改造&リフォームライフを送るためにも、まずは電気工事士の資格にチャレンジしてはいかがでしょうか？

③空き家で節税できる？

空き家をカフェにしたい、小さな本屋さんを開きたい……空き家を目の前にさまざまな夢が膨らみます。夢の実現に向けて進めることは良いのですが、しかし、その前に、改装に取りかかる前に、1つ検討しておきたいことがあります。

「税務署に事業開始届を提出する」

くわしい会計・税金の話は別の書籍に譲るとして、自力リフォームに関する費用も事業として行えば経費として計上できます。たとえば、次のようなものがあります。

- ・改修費（自宅部分を除く）を経費で計上
- ・電気代、水道光熱費（自宅部分を除く）を経費で計上
- ・事務所・店舗部分を事業に貸して家賃を計上
- ・規模の大きな改修費用は資産に計上して減価償却により経費化する

空き家は、それまで住居として使われてきました。それを改修する場合には、自力リフォームでも何十万円の材料を買い込んで作業することが往々にしてあります。それを、できるのにみすみす費用計上しないのは「もったいない」のひと言に尽きますし、また、今後の空き家ライフにとっても決してプラスにはなりません。

また、事務所部分の家賃を毎月売上計上したり、事業に使った水道光熱費、電気代、電話代など経費計上することもできます。

空き家の改装に取りかかる人は、ついこの点を忘れがちな方がいらっしゃいますので、脇を締めて、ぬかりなくしっかり行っていきましょう。最後に、自己の住居部分まで事業経費に含めるようなことはしてはいけません。くわしくは商工会議所や税理士の先生に相談しましょう。

空き家活用「たった1つの成功法則」

①空き家を長く利用するたった1つのコツ

筆者は、多くの空き家が使われていく様子をそばで見てきました。空き家を安く購入して楽しい生活の舞台にしている人もたくさんいます。しかし中には、空き家を買って新しい生活を夢見てみたものの、途中で投げ出してしまった例や、そこで生活している以上、投げ出したくても投げ出せない、引っ越したくても引っ越せない例も見てきました。

そんな中、空き家を活用するには、たった1つの成功法則があることに気づきました。

「毎日使う」

これに尽きます。毎日使っている人だけが、楽しい空き家ライフを送っているのです。

図5-4
空き家活用の成功法則

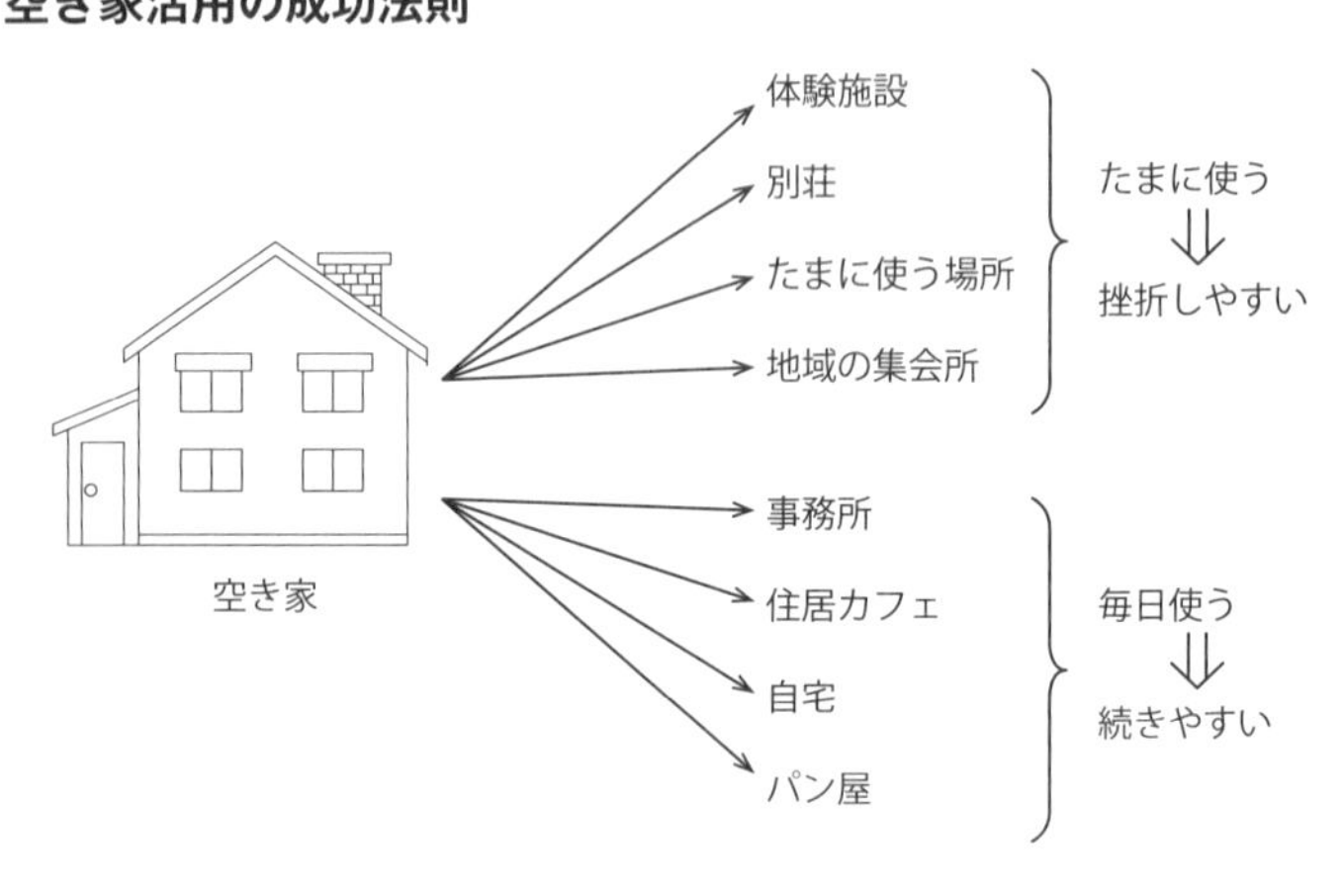

空き家には、使い古された「味」があり、ほっと安心できる昭和の懐かしい雰囲気があります。しかし、今の現代生活の水準からすれば、不十分、基準未満の家です。「夏暑く、冬寒い」から始まり、「すきま風、段差が多い」「小さな部屋ばかりで使いにくい」「カビ、虫、雨漏り、設備の不具合」もあります。

そんな家と毎日つきあっていると、「あー ここが不便だ」「もっとこうしたいのに～」「ここに物入れがあると便利なのになぁ～」と不満がいくつも出てきます。毎日使うので、不満は日々積み重なります。タチの悪い便秘のようなものです。そして、その不満がある日頂点に達すると爆発し、「お金かけて直してもらおう」または「よし、自分で改造しよう」となるハズです。

家を直せば、その分よくなります。心の不満も気持ち良くスッキリ解消するのです。そして今度は、「この物入れ便利だねぇ」「作ってヨカッタねぇ」という小さな幸福感が続くのです。そのうち、前の所有者のクセのついた家から、自分好みの使いやすい家に徐々に変わっていくのです。つまり、空き家と長くつきあうには、毎日使うことが必要ですし、逆に毎日使うことで、空き家の活用はうまくいくのです。

反対に、たまに使う場合を考えましょう。空き家といっても結構な金額で購入する不動産ですから、最初は足繁く通うかもしれません。使って不便なところもあるでしょう。しかし、残念ながら数日すれば、それも忘れてしまいます。そのうちに飽きてくるというか、心の中にその空き家の占める場所が小さくなって、何も感じなくなるのです。放置プレイです。つまり、元の木阿弥、空き家の所有者が変わっても、結局空き家のままなのです。当初考えていた空き家の活用も雲散霧消し、それは「失敗」となるのです。ただし、「自分で失敗した」と思わない限り、失敗したとはいいません。この状態でも再度気に掛け、手をかけていけば、いつでも空き家は活用できます。

集金トラブルにより警察が駆けつけた例

②地域とのトラブルを解決するちょっとした知恵

空き家に住みだして、ちょっとずつ使いやすく変えていくと、近所の人も「空き家に誰か住んで何かが変わった、あの人はどんな人だろう」と気がつきます。近所のウワサになっているかもしれません。時に自治会長という人がやってきて「自治会に入れ」と言ってきたり、よく知らない集金がやってきて「近所はみんな払っているのにあなただけ払わないのはおかしい」などといったトラブルにつながりやすいのも、この段階です。

このようなトラブルになる原因は根深く、とくに地方では、江戸時代から戦前の風習にまでさかのぼります。江戸時代は、地域住民自らが外敵や侵入者から地域の安全を確保する必要があり、第二次世界大戦では地域単位で敵と戦う自衛部隊が編成された記録もあります。地域自ら消防・警察・裁判所の機能を持たなければならず、法律よりも自治会での決まりごとを優先して守らなければならない意識も自然と働くのでした。

戦後憲法の下で、自治会は任意団体に格下げとなり、消防・警察は行政サービスとして行き届き、法令遵守、コンプライアンス意識が高まると、世代によって意識のずれが生じます。現代では、地域の決まりごとは法律の中でのみ妥当します。この意識の違いが、いわゆる自治会費をはじめとする自治会とのトラブルの原因の1つです。

自治会から「もうゴミは集積所に出せませんよ」などと脅される場合など、もうここに住むことができないんじゃないかと相談を受けることもありますが、それに対しては、こんな風に考えてはいかがでしょう?

「『地域』は1つではない」

ひと口に「地域」といってもさまざまな範囲があります。隣近所も「地域」なら、自治会の範囲も「地域」ですし、小学校区、市町村、都道府県も「地域」と呼べるでしょう。そして、トラブルは自治会レベルで多く見られますが、そのような場合でも隣近所とうまくやることはできますし、トラブルばかりも考えものですが、隣の市町村に出かけていけば、誰も気にかけないでしょう。地域との関係で悩む人は、生活範囲が狭く、地域との関係が生活のすべてと思い込む傾向があり、移住してうまくやっている人、商売をはじめた人なんかは、なるべく遠方との関係を築き、広い範囲から来てもらうような努力をしている人が多いと感じます。

本来、特定の組織にいるから仲が良いというのはおかしな話です。人間は目の前にいる人と、しっかり目を見て話して、信用できるか、できないか、波長が合うか合わないか、そこで判断するものなのです。

第6章

貸して儲ける「空き家術」

空き家は「そのまま貸す」が最善

①空き家につきまとう貸主のリスク

「どうせ使わないし空き家を貸そうかな?」と思っているときに、「空き家借りたいんですけど……」と言う人が出てきました。しかし、ちょっと待った。実は、空き家を貸すのも借りるのも、トラブルの原因をわざわざ呼び込むようなものです。

一般的に契約を結ぶと、貸主には「借主が、その空き家をちゃんと使えるように維持する責任」が発生します。この「借主に使用収益させる義務」の見返りに「賃料をもらう権利」が生まれるのです。空き家の場合、借主に住んでいただける状態でないボロボロの可能性があります。仮に住める状態だったとしても、賃料も通常の賃貸アパートに比べてかなり安くしているはずです。これの意味するところは次のとおりです。

「労多くして益少なし」

古い家は、何かと修繕費がかかります。ある日、水が漏れた、風呂・トイレが壊れた、雨漏りがした……水回りの修繕はじめ、すぐに数十万単位の出費につながります。もし、そんな家を貸していたら、貸主には「目的物を使用収益させる義務」がありますから、すぐに修理しなければいけません。これを、割安な賃料収入でカバーできるワケがありません。あっという間に赤字です。

それだけではありません。水漏れや雨漏りで困った借主が、修理を渋る貸主に代わって自分で直したとしましょう。その費用（必要費）は、もちろん貸主が負担しなければいけません。

契約でそうならないよう、貸主に有利にしておけば良いんじゃないの？　と思うアナタ、それは全くアマイ。日本の借地借家法では、貸主に有利な条項は、たとえ当事者が納得していても、無効とされるのが通常です。契約よりも法律の勝ち、そして法律は常に借主の味方なのです。契約時にはお互いニコニコしていても、長いつきあいのうちに、相手が知

図6-1　空き家の貸主の義務

空き家の貸主の責任

・空き家を使用収益させる義務　（民法 601 条）
・空き家を修繕する義務　（民法 606 条）
・借主が代わりに修理した場合の
　費用償還義務　（民法 608 条）
・借主が附加した造作を買取る義務
　（借地借家法 33 条）

家主
うへぇっ
○○権
○○権

恵をつけてくるかもしれません（図6－1）。

それだけではありません。夏暑く冬寒い古い空き家に、借主がエアコンをつけたとしましょう。もちろん借主からの事前に相談があって、貸主は同意しました。その場合、借主の退去時には、貸主はそのエアコン（造作（ぞうさく）という）を購入しなければなりません。エアコンなら数万円ですが、キッチンセットやユニットバスなんかも、貸主が同情して同意したら最後、退去時にアナタが買い取る羽目になるのです。

まだあります。家賃は安い上に修理費が高額……貸して後悔したアナタは借主に出て行ってほしい思うとしましょう。しかし、借

図6-2 借り得とは？

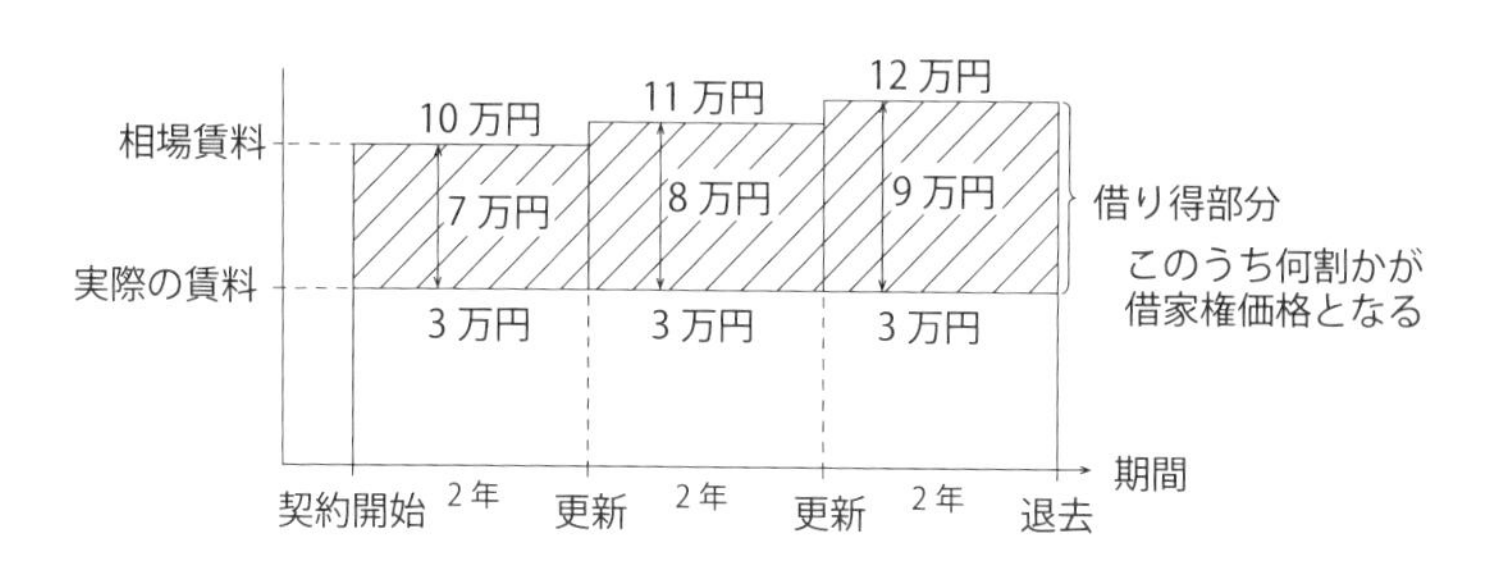

地借家法がある限り、借主の居住権は堅く守られています。通常の賃貸借契約で借主に出て行っていただくには、貸主と借主の信頼関係が破綻したと認められる状況が必要です。具体的には、家賃3ヶ月滞納されたとか、勝手にまた貸しされたといった事情です。それに契約書の契約期間が終了しても、借主がそこにいる限り、出て行けと主張できないようになっているのです。

まだまだあります。そうやって空き家に安い賃料で住みついている借主がいるとしましょう。アナタは修繕費がかかって大赤字です。これ以上の赤字は耐えられないと、お金を積んで出て行ってもらう交渉をするとしましょう。いくら積むか、少なくとも引っ越し代は必要です。ほかに新しい場所の家賃との差額の数年分を用意しなければいけないでしょうし、相場より安い賃料で貸している場合にはこれらに加え、「借家権」という価格が発生していることもあります。いわゆる「借り得部分」（前ページ図６－２）というもので、これを金銭で補償してあげる必要があります。不思議なことに、安く貸せば貸すほど、長く貸せば貸すほど、積もり積もった金額がふくれあがって何百万単位になってしまうことだってあるのです。

少ない賃料収入、多額の修繕費、借主のつけたエアコンの買取義務が発生し、借り得もある……法律でここまで借主が守られている以上、おいそれと出て行ってもらうわけにもいきません。空き家だからと言って、安く貸したら最後、貸主はボコボコのサンドバッグ状態になるかもしれません。「盗人に追銭」とはまさにこのことだったです。

②貸して欲出す「ダメ家主」

古くて使っていない空き家の場合、広い家でも「賃料５０００円で良いよ」、となりがちです。貸主からしても、最初は「借りてくれるなら安くしても良いんじゃないか」、そう思うのが普通です。ところがしばらくすると、家主がこう思うのです。

「もっと家賃がほしい……」

とくに店舗の場合に当てはまります。空き家だったころは、人の気配もなく5000円で貸したのに、借主がお店を始めて人が集まるようになれば、活気が出て空き家がよく見えてくるのです。周囲の町並みまでが元気になったように感じるのです。お店もきっと儲かってるはずだし、古き良き時代を思い出すのか、そういえばここは良い場所なんだと勘違いするのです。

貸主1人では何もできなかったくせに、そんなことを棚に上げて、今度は爪を長く伸ばして家賃の増額交渉を考え出すのです。そして借主に言い出した途端、店も軌道に乗った借主はあっさり転居して元の空き家に逆戻り……こんなことになってしまうのです。

それでも空き家を貸す時の3つの鉄則

前項で述べたとおり、筆者としては「安くしてでも売却」をおすすめしますが、それでも空き家を貸したい場合には、ちょっとした工夫が必要です。

①必ず期限を設ける

まず、契約の方式は、「定期借家契約」にしましょう。「定期借家契約」とは、最初から「一定の期間だけ貸す、契約の更新はない」ことを書面で契約します。これには少し手続が必要です。まず、契約書とは別に書面を用意して定期借家契約であることを念押しします。そして契約終了の1年前から半年前までの間に、契約終了の通知を出します。手間はいくつか増えますが、あとでトラブルになるよりよほどマシです。通知期間にお知らせするのをつい忘れそうだと心配な人は、３６４日（1年より1日短い）契約をおすすめします。

1年未満の契約では、契約終了の通知を出す必要はありません。

さらに契約を続けたいときは、また新たに定期建物賃貸借の契約を結びましょう。これで、空き家の傷む程度を予測しながら、いざというときには確実に契約を終わらせることができます。

②タダが貸主を救う

空き家を貸す場合に適した定期借家契約ですが、貸主の「空き家を使用収益させる義務」は依然としてありますので、必要な修繕は貸主が行わなければなりません。

しかし、いつ壊れるかわからない古い空き家の場合には、もうひと工夫必要です。そこで、「使用貸借」の登場です（次ページ図6－3）。

「使用貸借」とは「タダ貸し」のことです。固定資産税程度の金銭の授受はＯＫですが、基本的にタダです。タダ貸しなら、いつでも、どちらからでも契約を終わらせることがで

図6-3

使用貸借と賃貸借のちがい（主なもの）

	使用貸借	賃貸借
賃料	なし	あり
修繕費の負担	借主	貸主
契約の終了	いつでも どちらからでも できる	貸主からは超困難

きます。また、タダで使っているものの修繕は、基本的に借主の費用と責任で行います。雨漏りしたり、トイレが詰まった場合には、原則として借りている側が修理する義務を負うのです。

十分なお金をもらえないのが欠点ですが、もともと空き家だし、トラブルを回避する方法の1つといえるでしょう。どうしてもお金が欲しいという場合には、借主と別の契約、たとえば、コンサルティング契約や保守契約といった契約を締結してもらえば良いでしょうし、最初に清掃費や家財処分費用として、まとまったお金をもらう方法もあるかもしれません。

ただ、これも居住用に貸す場合、居住権との兼ね合いがありますし、お金のやりとりの方法についても、民法や判例に細かい規定がありますので、くわしくは法律の専門家にと相談のうえ、漏れのない契約をしましょう。

③そのまま貸すのが鉄則

空き家を貸す場合、貸主がリフォームをしてから貸す場合がありますが、これは好ましくありません。空き家は「そのままの状態で貸す」のがベストです。理由は次のとおりです。

- リフォーム代金を回収できない
- 借主が中途半端なリフォームを望んでいない
- 法的に、リフォームの費用負担は当事者間で取り決めできる

まず1つ目ですが、通常の不動産賃貸では、リフォームにかけた費用を賃料で回収したければ、だいたい10年で回収できるように計算して賃料を値上げします。たとえば、トイレのリフォームに30万円かけたとしましょう。10年で回収するには年間3万円、月2500円の値上げが必要です。しかし、空き家の場合はこれが難しい。流し、トイレ、お風呂などの一部分に中途半端にお金をかけて新品にしたとしても、全体としては依然「古い空き家」のままです。全体のイメージに引きずられて、賃料の値上げもままならず、

リフォーム費用を賃料で回収できる見込みはまずありません。

次に2つ目ですが、だいたい空き家を借りるような人は、2つのタイプに分かれます。1つ目は、昔風の不便な生活をあえて好む殊勝な人、2つ目は、とにかく家賃を安くしたい人です。とくに古い昭和を感じる家の場合、古き良き風情、古民家風のほっとした安らぎを求めている人が多く、生活の便利さや見た目の美しさは二の次です。まとめると、シンプルでミニマル、エコでロハスな生活スタイルを好み、徹底して生活費、とくに家賃を切り詰めていきたい人なのです。

そんな人たちには、そのままの状態で貸すのが一番です。ときどき空き家に家財道具がそのまま放置してある場面をよく見ますが、これも貸す前に安易に片付けてはいけません。大事なものは貸主でより分けた後で、契約で、家財道具はそのまま使ってくれても良し、捨ててしまっても良し、とすれば、借主で片付けてくれますし、その分家賃を下げるほうが借主が喜びます。転貸も可能な契約にしてあげるとさらに良いかもしれません。

最後に3番目です。借家契約は基本的に当事者間の取り決めよりも法律が優先して適用になりますが、定期借家の場合、以下の項目は法律よりも当事者の取り決めが優先して適用になります。

> ｉ　賃料を変更しない特約
> ⅱ　造作買取請求権を行使しない特約
> ⅲ　原状回復しない特約

ｉは、安定した収入を確保するのに必要です。

ⅱは、前項で説明した、借主がつけたエアコンの例です。これは当事者間で「出て行くときに貸主に買い取れと言わないことにする」とすれば、それが法律より優先して適用になります。

ⅲについては、次の項目で続けて説明したいと思います。

3 空き家に適する「原状回復しない特約」とは？

①空き家が貸せば貸すほどどんどん良くなる

少し法律の話が入ってしまいましたので、ここまでのことをまとめてみましょう。

不動産を貸すときは、民法に加え、借地借家法の適用を受けます。借地借家法は借家人の保護を目的にしています。したがって、当事者間の契約といえども法律によって無効とされ、法律の条文が優先して適用される内容がいくつかあります。

そして、空き家のような古い家は、常に大規模修繕が起きる可能性を抱えながら他人に貸すことになります。人に貸していて盛大な雨漏りでもしようものなら、毎月の賃料はほんの少しなのに、百万円単位の修繕が必要になるのです。外壁のトタンだって1軒の家で

200万円ほどの出費になります。しかも、貸主から退去してもらうことは借家人保護の観点から難しいと来れば、貸主は大枚はたいて修理するしかなく、収支は大赤字です。

安易に空き家を貸すと、将来のトラブルにつながるため、空き家は「貸すよりも売る」、「借りるよりも買う」のがベターな選択です。しかし、工夫次第で空き家を貸すこともできます。そして、貸すほどに空き家がよみがえっていくこともあるのです。

そのコツが「借主に原状回復義務を求めないこと」そして「造作買取請求権を放棄してもらうこと」なのです。

まず、原状回復義務とは、借りたものを返すときは、借りた状態に戻して返すことを指します。CDでもマンガでも誰かから何かを借りたら、元どおりの状態にして返却するのは当たり前です。不動産でも、借りた家から出て行くときは元どおりにしないといけないのが通常です。

この点を逆張りするのが最初のポイントで、空き家の場合、もともとの状態が良くない古い家が多く、元どおりにされても貸主としてはあまりうれしくありません。

「造作買取請求権を放棄してもらうこと」というのは、借主で付け加えた造作、たとえば、エアコン、キッチン、トイレの便器、そんなに大きなものでなくても棚や畳、そういうものは、契約の終了に伴って、借主からの請求で、貸主は買い取らなければならない決まりになっています。ここでは、互いの契約でそういう造作を貸主は買い取らない、ことを取り決めるのです（次ページ図6－4）。

そして、この原状回復義務と、造作買取請求権は、契約で「なし」にすることが認められています。

するとどうなるでしょう。空き家を借りて住みはじめた当初「これは使いにくい」と感じるでしょう。早速貸主の承諾を得て、自分の使いやすいように改造します。第5章の第5項で説明したとおりです。ちょっとした棚をつけたり、壁に漆喰を塗ってみたり、プロではありませんので、棚はちょっと傾いていたり、塗りすぎの部分もあったりするかもしれません。しかし、「あばたもえくぼ」のことわざのとおり、そんなのは不思議と気になり

図6-4　空き家を貸すときの契約のコツ

・空き家を使ってくれる
・退去時の手間が省ける
・次回募集時には家賃を上げられる

・貸主が修繕してくれる
・使いにくい所を変更できる
・賃料が安くすむ
・退去時が楽

ません。もともとがガタガタの古い空き家なのですから、四角四面のプロの仕上がりを期待する必要もありません。また、ビギナーズラックで期待以上の良い雰囲気になることもあります。廊下についた手垢や柱のキズさえ、家の雰囲気を引き立てる「味」に変化するのです。古き良き昭和のほっとする雰囲気がさらに引き立つのです。

　借主が目的物である空き家を改変するには、その都度貸主の承諾が必要となりますが、契約時にあらかじめ、借主が変更できる部分を明示しておくのも1つの方法です。具体的には、「柱、梁、基礎、屋根、土台、外壁といった構造部分を変更しない場合に限り、賃貸借の目的の範囲内で借主は貸主の承諾なく変更できる」などとすると良いでしょう。

②さらに新しい借主に貸すと……？

そしていつの日か借主が出て行きます。原状回復しないと言っても、荷物は持ち去っていきますから、また貸せる状態になります。前の借主が付け加えた棚、塗り壁、中にはキッチンや水回りまで変わっているかもしれません。前の借主も、賃料は安いし、自分の思いのままに住まうことができて満足したことでしょう。

そこで新しい募集を始めます。お気づきになるでしょうか？　ここはもう「空き家」ではありません。ちょっとは良くなっていますから、なんと、「家賃を上げる」ことができるのです。実際に家賃を上げるか上げないかは貸主の判断ですが、少なくとも下げる必要はありません。さらに、もし、出て行った借主がここでお店を始めていた場合には、最初は安い賃料だから借りていたとして、商売も軌道に乗り手狭になったので、次の場所に移転したのかもしれません。そんな場合、「これはめでたい、商売の神様がいるに違いない」と判断されますから、次の借主はあっという間に決まるはずです。

古き良き時代の家も貸すことで磨きがかかる

　このように、借主が変わるほどに空き家がどんどん良くなっていき、収益性もますます上がる、しかも貸主の負担は「ゼロ」……こんな合理的なことが可能なのです。ある程度収益も上がってきたところで、屋根や外壁などのメンテナンスをまとめて行っていけば、末永く貸家として働いてくれることでしょう。

利回り30%を超える魔法の方法

①収益率の計算方法

最初はどうにもならない空き家からスタートしましたが、ここまで読み進めた読者の方なら、空き家もいろいろな人の手を経て、もはや収益を生む優良資産、とても空き家とは言えないところまでやってきたことがわかるでしょう。

ここでは、その収益性を計測する方法について初歩から確認しておきたいと思います。空き家の収益性は最低でも10%、できれば20%を目指したいところです。

さて、この10%や20%とは、このように計算をします。

図6-5 利回り（収益率）の計算方法

収益 ÷ 元本＝利回り（収益率）

500万円の空き家が月6万円、年間72万円の収益を生むとなれば、このような式になります。

収益72万円 ÷ 元本500万円＝ 14.4%

元本は、投資額あるいは不動産の時価が適切です。正確な不動産の時価を求めるのは一般には難しいかもしれません。そのときは、固定資産税の納付書に記載されている「評価額（課税標準ではありません）」を1・3倍ほどして式に代入しても良いでしょう。なぜ1・3倍かといえば、本書の第4章の第3項で説明したように、固定資産税の評価額というのは、一般に市場価格の60％〜70％程度に設定されているためです。

さて、ここでもう一度確認したいのは、第4章で説明したとおり、地方で500万円の空き家は探すのは難しくありません。そして、程度の良くなった空き家なら一軒家を6万円で貸すのも難しくありません。そして、貸家の競合はアパートです。いまやどんな地方の田舎に行っても、大手ハウスメーカーが建てたアパートが多くあります。最近ではアパートの大家さん向けに、この大手ハウスメーカーがさまざまなサービスを提供していることもあって、それと裏腹に賃料は高めに設定されています。ちょっとインターネットを検索すれば、どんな田舎でも60㎡の部屋で月6万円ほどするでしょう。それと比べれば、たとえ築年数が古くても、アパートの部屋より広く、駐車場や騒音やプライバシーの面でアパートよりも有利な一軒家の貸家がそれと同等、あるいはそれ以上の賃料でも何の不思議もありません。

もともと空き家には、持ち主の気がつかない魅力があります。逆に、持ち主が気がつかないからこそ、放置され空き家になっているのです。その魅力に気づき、引き出すことができれば、家だって喜んでいるはずです。家賃の水準を含めたそこにしかない唯一の魅力、価値に気がつけば、どんな田舎でも借りる人は必ずいるはずです。こんな田舎で借りる人などいないと思ってはいけません。

②さらに利回りを上げる方法

この14・4％の利回りは、預金するよりけた違いに高利回りになります。もちろん、預金は全く手間がかかりませんが、空き家を貸すのは手間がかかりますし、「空き家だから」「築年数が古いから」「田舎だから」「改修が見込まれるから」といった一般的なリスクがあるという意味も含んでいます。しかし一定のリスクは、敵を知り、あらかじめ把握しておけば対応方法を考えることが可能です。

その上、さらに、利回りを上げる方法があります。プロの不動産投資家は、必ずと言っていいほどこの手法を使います。

「銀行から借入れをする」

なんだ、と思う方も多いかもしれませんが、試しにシミュレーションをしてみましょう。

今の低金利時代、投資用のローンでも1%未満で借りることも可能です。第5章の第4項では、空き家を借りて事業を始めることについて説明しました。その場合には、事業用の融資を利用することもできるでしょう。今の低金利時代、銀行に1000万円定期で預けてもティッシュのひと箱ももらえませんが、「300万円融資してほしい」と言えば、すっ飛んでやってきてくれます。銀行マンの人事評価でも、昔は「どれだけ預金を集めたか」でしたが、今や預金はまったく評価の対象ではなく、「投資信託と融資案件をどれだけ契約したか」が評価なのです。渋くてお堅いイメージの政策金融公庫でも、投資用の不動産に抵当権をつけることで喜んで貸してくれます。たとえ、築年数の古い空き家でも、田舎にある不動産でも、積極的に貸してくれるようになりました。

ここでは、200万円の自己資金に300万円の融資をつけて、500万円の空き家を投資してみましょう。賃料収入は先ほどと同じ年間72万円です。借入れをしていますので、年間3万円（借入額の1％）の金利を払うことにしましょう。

そうすると、自己資金200万円に対して、収入は71万円（＝家賃収入72万円―支払利息1万円）です。利回りは次のように計算できます。

収入71万円÷自己資金200万円＝35・5％

利回りは、14・4％からナント35・5％と2倍以上なります。これを「レバレッジ効果」といって、実は不動産投資では当たり前のことなのです。

図6-6 銀行借入れの収益率

500万円の空き家を200万円の自己資金＋
300万円の融資で購入すると、
収益＝家賃収入72万円 － 支払利息1万円 ＝ 71万円
収益71万円 ÷ 元本200万円 ＝ 35.5%

自己資金の35・5%の収益があるということは、自己資金をたった3年で回収できる、そんな計算になります。とはいえ借入れを行いますので、次のことには気をつけておきましょう。

「借入れは、万一、不動産を売って返せる金額にとどめる」
「家賃収入が、万一、なかったとしても返せる金額にとどめる」

この2つを守って、空き家を「金のなる木」にすることができるのです。

5 空き家活用の具体例

①空き家リノベーションの例

幽玄な「越中おわら風の盆」で有名なＪＲ高山本線越中八尾駅から車で20分、さらに山奥に向かっていったところに、１軒の空き家がありました。これを購入したのは女性２人、ＩさんとＧさんはどちらも30代で、誰もがほっとして自由に使える居場所、家族ではないけれども家族のように気兼ねなく居られる場所を探していました。そんななか、知り合いから築50年ほどのこの空き家の情報を紹介してもらいました。

持ち主の方に面会して、その場で家の外と中を紹介していただき、持ち主の人柄にも触れて、その場で買うことを決めました。価格は２００万円、市街地からも遠く雪深いこの場所の近くに不動産屋などなく、２人で貯金をはたいて購入しました。

みんなで壁に穴を開けているところ（Gさん提供）

平屋建てで7部屋あるこの家の改装に早速取りかかりました。まずは風通しを良くしようと、壁を1枚ぶち抜くことにしました。女性2人で何からはじめたらいいか見当がつきませんでしたが、どうせやるならとfacebookで参加者を募集したところ、金づちやバール、丸のこを持って集まって来てくれました。

女性2人ならできないことでしたが、みんなの力を合わせてあっという間に壁を抜くことができました。しかし、この家は築50年、今度は風通しが良すぎて寒くなってしまいました。

どうするか思案した2人は、ストーブを導入することになりました。

②クラウドファンディングで資金調達

楽しい田舎暮らしに薪ストーブは必須アイテムです。みんなが集まる輪の中に薪ストーブがあると、暖かいだけでなく、静かに燃える炎を見るだけでも話が弾みます。しかし、薪ストーブの設置には150万円から200万円かかります。

そこで持ち主のIさんとGさんは、インターネットを使って、自分たちで考えた空き家の活用方法を広く訴えて、クレジットカード決済で多くの人から少額の寄付を募る「クラウドファンディング」の手法を使うことにしました。

募集額目標は200万円、空き家を使って誰もがくつろげる場所にするというコンセプトが多くの人に理解されました。終わってみると、約100人の人から223万円も集めることができました。

予想以上の多くの反響と気持ちに勇気づけられたIさんとGさんは、早速、薪ストーブ

薪棚を作っているところ

の設置の準備に取りかかっています。今回設置するストーブは、空き家の壁の解体や瓦の修理で出た廃瓦や廃ブロックをリサイクルして、薪ストーブから出た熱を蓄えてより暖かくて環境に優しいものを考えています。薪ストーブでは、1年に使う薪の量は2トン。夏のうちから薪を蓄える棚もみんなで一生懸命作っています。

IさんとGさんは、この空き家を買ってから地域の人ともなじみがありませんでしたが、庭で薪を割っていると、その様子を見た近所の人がやってきて、剪定した木の枝やリフォームでいらなくなった柱や梁の廃材を持ってきてくれるようになりました。自然と井戸端会議に花が咲き、近所とのコミュニケーションもとれるようになりました。

空き家だったこの家は、さまざまな改装をしながら、現在お話の会やフラワーアレンジメントの教室を開催する時間貸しイベントスペースとして活用しています。

③空き家活用のヒント

この例では、今まで本書で述べてきた事柄がたくさん含まれています。

i　日ごろから自分で叶える努力をした

本書の読者の方は、地方では、200万円で土地付きの一戸建てが買えることを知っただけで驚きかもしれません。地方ではビジネスにならず不動産屋さんも扱いを断るような空き家がたくさんあります。IさんとGさんは日ごろからさまざまな人と会って、空き家がほしいことを言っていたので、知り合いが紹介してくれました。安い家はたくさんありますが、安く買うにはそれなりの努力と直感と思い切りが必要なのです。

そして、空き家を買うというのは、市場に出回る商品を金銭で買うのとはすこし違います。長い歴史を刻んでたたずむ家の、現在では売るに至るその家の歴史を全部受け入れ、引き継いでいくかどうかが重要です。IさんとGさんは、内覧の際に持ち主の人柄に触れ、即断で購入を決めました。もし、「駅までの距離が…」とか「間取りが…」など商品としてのスペックにとらわれるようになっていたとしたら、購入できてはいなかったでしょう。

ii　みんなでやる

IさんとGさんは、もともとの住居をみんなが集まるスペースに変えようと、壁を抜いたり間取りを変更しようとしています。しかし女性の2人では、そう簡単にホイホイできるわけでもありません。

そこで、「ワークショップ」を企画しました。「壁を抜く」「ストーブを作る」「屋根を葺き替える」「名前入りの漆喰の壁を塗る」云々。1人では単調で忍耐の必要な繰り返し作業でも、たくさん集まればわいわいガヤガヤと楽しくできます。第5章の第1項で説明した体験型のワークショップは、参加料が必要でしたが、それでも都会から参加者が集まる楽しいものになりました。

本書の読者の皆さんも、何か参考にしていただいて、いろんなものと闘って、空き家のある楽しい生活を送ってください。

空き家のパターン別スッキリ解決法

これまで、不幸にも空き家を相続してしまった、持つことになってしまったらどうするか？ ということについて、いろいろな例をもとに説明してきました。

そもそも不動産の活用の仕方は数種類しかありません。「売る・買う・貸す・借りる・耕す」です。これが空き家の場合には「売る・貸す・壊す・維持する」と変化します。売ることも、貸すこともできず、壊すお金もなく、じっと維持する…それが空き家の流れつく先、吹き溜まりの縮小均衡、困ったちゃんになります。ここで「売る・貸す・壊す・維持する」のそれぞれのメリット、デメリットを簡単に図表（図6-7）にしましたので、「うちの空き家をどうすればいいねん？」と疑問に思ったとき折に触れ眺めていただければ幸いです。

図6-7

空き家が発生!!

START

空き家術	維持する	壊して売る	建物付きで売る	貸す
メリット	思い出が残る	隣人が駐車場として使ってくれる	昭和の雰囲気が若者に好まれる	思い出を残しながら収益も得られる
ポイント	維持費がかかる	売れなければ固定資産税6倍のダメージ	中途半端なリフォームでレトロ感が台無しに	・賃料が低い割に修繕箇所が多発し、大赤字 ・賃借人が合法的に居座るかも
失敗すると	平均3年でお金もエネルギーも底をつく	・不便な土地だけが残る ・解体費がかかる	空き家状態が続く	泣きっ面に蜂状態に
おすすめ	・維持コスト削減 ・売却への心の整理と踏ん切りを!	・古い商店街で有効	・農村集落で有効 ・1円でも100円でも良いので早く売却を!!	メリットなし

これらの活用を、例えば「維持する→貸す→売る」、「壊す→貸す→売る」のように組み合わせれば、あなたの「空き家すごろく」が完成するでしょう。そして、本文でも述べましたが、空き家すごろくの唯一の上りは「売る」なのです。空き家は持っている限り、背後霊のようにまとわりつき数々の維持費がかかります。しかし空き家を使って儲けようと思わなければ、損切りに躊躇しなければ、「空き家を売ること」は必ずできます。昭和の暖かな雰囲気を持つ家は、次に使う人がその良さを見い出し、改装して所有者の気づかなかった良さを生かしてくれることでしょう。血はつながっていないけど、誰かが自分の生まれた思い出の実家を使ってくれている、そのことを夜空の向こうで知ったとき、墓標の中で知ったとき、「あなたを悩ませてきた空き家の問題」という肩の荷がすっと降り、背後霊は天使に変わり、波瀾万丈の「空き家すごろく」は上がることができるのです。

あとがき

私はいま、毎月依頼されている空き家の巡回管理している合間、この大きな空き家の中でこのあとがきを書いています。空き家は定期的に空気の入れ換えを十分行えば、次の使い方が決まるまでより長く状態を維持することができます。

さて、皆さんは大きなものを見上げたとき、平衡感覚を失い、戸惑い、足がすくみ、たじろぐことがありませんか？　東京タワーを真下から見上げたとき、大阪駅のホームの上にある時空の広場のど真ん中から視界いっぱいに広がる大屋根を見上げたとき、名古屋駅にある巨大なナナちゃん人形を真下から見上げたときも、そう感じるかもしれません。押しつぶされそうに錯覚することもあれば、地面に足がついているはずなのに飛んでいってしまいそうな、怖くて逃げ出したいような、それでいてその場にもっといたいような不思議な感覚にとらわれます。

空き家は、放置すればゴミになります。維持費もかかります。しかし、袋に入れてゴミの日に出すことができるような代物ではありません。人間が中に入ることができ、いや、そのために作られた、親から贈られる人生最大のゴミなのです。持ち主は、このあまりに巨大な不要物が自分に降りかかった時から途方に暮れ、「できれば日常の人生から消し去りたい」「空き家なんて最初からなかったことにしよう、どうせ遠いところにあるし」と思い巡らします。都会で日々さまざまな事柄に忙殺され、その一時は忘れ去ることができても、ふと何かの拍子に昔の思い出と一緒にひょっこり意識に出てきてしまう、心のお荷物でもあるのです。

私は、湿気のにおいを感じる空き家の一室で、埃だらけのソファーに座り、雨漏り跡で穴の開いた天井をふと見上げると、遠く部屋の隅に幾重にも重なるくもの巣、そしてそこから落ちた無数の小さな虫たちの死骸を見つけました。この家がそれまで刻んできた歴史が、ある瞬間からピタッと止まり、周りから隔絶され凍り付いたような空間の大きさに、私は自分がその場からすぐに立ち去りたいのか、それとも怖いもの見たさにその場にもっといたいのか、本人にもわからない不思議な気持ちになりました。不便で汚れた空き家には、磨けば光る古い家の魅力も備えているはずなのに——。

一般に、不動産の使い道は数えるほどしかありません。売る、貸す、借りる、貸す、建てる、壊す、そして最後に耕作する……不動産は、人間が働きかけることですごろくのように状態を変え、居住、商業活動、工業活動など人々の生活と活動に必要不可欠なものとして役に立ってゆくはずです。本書では、業界紙から空き家管理の実績では全国№1と評された筆者の経験と、不動産鑑定士でもあり一級建築士でもある筆者の不動産知識を組み合わせて、空き家という不動産の流れゆく先、行く末をなるべくわかりやすく書きました。

空き家の数は、これからも増えることがあっても減ることはありません。空き家ひとつひとつの行く末とそれを取り巻く人々の幸せに少しでも本書が役立つよう願ってやみません。

長く窓を開放したので、この家にも秋晴れの心地よい風が充分に入ってきました。私の仕事もこれで終わりです。管理報告書も書き終え、元通り窓を閉め、家の鍵をかけて、帰ることにしましょう。

平成29年11月　筆者しるす

●著者紹介
中山　聡（なかやま　さとし）
一級建築士・不動産鑑定士
東京大学医学部を卒業後、信託銀行、近畿大学工学部、株式会社アイディーユー、早稲田大学大学院ファイナンス研究科招聘研究員、チームラボ株式会社、不動産コンサルティング企業にて、インターネットで不動産取引ができる環境づくりを中心に、研究開発室長、経営監査部長として事業開発、M&A、事業会社管理に携わる。
現在、わくわく法人 rea 東海北陸不動産鑑定・建築スタジオ株式会社代表取締役。
空き家管理ではリフォーム業界紙から全国 No.1 の実績と評されたとやまホーム管理サービス理事。事務所も兼ねた自宅は空き家を安く購入して自らマニアックに改装、現在もＳＮＳで「魔改造」の様子を日々アップしている。
著書に「ビジネス図解不動産のしくみがわかる本」「空き家管理ビジネスがわかる本」（同文舘出版）、「不動産カウンセリング実務必携」（日本不動産カウンセラー協会）共著がある。

この書籍は、週刊住宅新聞社が発刊していた書籍「闘う！空き家術」の内容に加筆・修正を加えたものです。

書籍コーディネート　インプルーブ　小山睦男

新訂 闘う！空き家術 –自然と闘い、人と闘い、管理・投資・リフォーム・売却で解決する

2016 年 10 月 27 日　初版発行
2017 年 12 月 18 日　改題初版発行

著　者　　中　山　聡
発行人　　今　井　修
印　刷　　モリモト印刷株式会社
発行所　　プラチナ出版株式会社
〒 104-0061　東京都中央区銀座 1 丁目 13-1
ヒューリック銀座一丁目ビル 7 F
TEL 03-3561-0200　FAX 03-3562-8821
http://www.platinum-pub.co.jp

落丁・乱丁はお取り替えします。
SBN978-4-909357-07-6